JN147517

ten to senの模様刺繍

ハンドステッチで描く、素敵な模様の刺繍布

An embroidery pattern book designed by "ten to sen"

点と線模様製作所
岡 理恵子
Rieko Oka

Prologue

この本を手に取ってくださったあなたへ

鳥のはばたき、屋根が並ぶ家並み、猫のしぐさ……
この本の模様は、すべて私とあなたのいつかの風景。
生地は画用紙、糸は絵の具、色をさがして始まる針仕事
最後のひと刺しはあなたの模様へと変わるときです。

この本の図案は、横に縦に斜めにスライドさせてくり返しをつけられる
リピート可能な模様になっています。
パネル柄から総柄へと広げられる図案となっており
刺繍の構成や見せ方の幅を広げてくれます。
刺す面積が広がると針仕事は大変になりますが
「こんな総柄の刺繍生地がほしかった」の気持ちをかたちにできる一冊になっています。
さあ、糸と針を手にはじめましょう。

2017年11月

点と線模様製作所　岡理恵子

Contents

Chapter 03
刺繍の基本

Appendix
〈巻末付録〉配色アレンジ用図案

〈この本の使い方〉

◎図案の見方

図案には、使用する糸とステッチの情報が記載されています。たとえば

ⓐストレートS（3本）

とあれば、材料欄にあるⓐ糸の3本どりでストレートステッチを刺す、ということになります。Sはステッチの略です。

◎完成写真・図案のサイズについて

Chapter 02 の完成作品写真、および図案（ステッチガイドをのぞく）はすべて実物大です。

◎使用した布・刺繍糸について

材料欄で布・刺繍糸の色名とともに記載されている数字やアルファベットは、製品の色番号です。各製品の問い合わせ先は巻末ページを参照してください。

◎寸法について

つくり方ページに記載した寸法のうち、とくに記載のないものの単位はcm（センチメートル）です。

◎模様のリピートについて

本書に掲載されている刺繍図案は、多くが小さな模様1ブロックのくり返しにより面を構成しています。図案に点線の囲みがある場合、点線に囲まれた範囲が模様の1ブロックです。そのブロックを縦方向、横方向へ規則的につなげていくと、より広い面積の模様も構成することができます。

chapter 01
模様刺繍の図案集

——模様でつくる、20の図案

01 : Bush

しげみ

2013年の“北の模様帖”では「まぶたの情景」をテーマに模様をつくりました。
そのときにできたのが「しげみ」という名前の生地——
目をつぶっていても思い出す、すぐ手の先に広がる情景を思い浮かべるようにつくった模様です。
それをもとに、改めて手刺しの刺繍の図案につくり直しました。
簡単なステッチばかりでできているので初心者の方にもおすすめです。
初めてでもいくつもの花や葉が集まると達成感があります。
刺繍した生地で小さな巾着袋などをつくっても
かわいいかもしれません。

ナズナにスズラン、クローバー、ツワブキ、赤い実がなっているのは……？ と植物の名前を考えながら刺繍するのも楽しいものです。

Colour variation

〈布〉ヨーロッパリネン
オフホワイト（AS222）
〈糸〉DMC 25 番糸
ⓐ 3033（ベージュ）
ⓑ 3774（ピンク）
ⓒ 3822（クリームイエロー）
ⓓ 3752（ブルー）

〔実物大図案〕

茎はすべてコーチングS（茎：ⓑまたはⓒ3本、とめ糸：ⓑまたはⓒ2本）。ほかの要素は指定がある箇所以外はすべて3本どりで指定の糸、ステッチで刺します。

How to Stitch

材料

〈布〉ヨーロッパリネン
オフホワイト（AS222）　20×25cm
〈糸〉DMC 25 番糸
ⓐ 3033（ベージュ）　1束
ⓑ 988（グリーン）　1束
ⓒ 3821（イエロー）　1束
ⓓ 349（レッド）　1束

刺し方のポイント

茎や枝は全体をⓒ糸で刺す穂をのぞき、すべてグリーン（ⓑ糸）のコーチングステッチです。ほかの要素は細かく色が変わるので、間違えないように注意して刺しましょう。

ⓓストレートSで
埋めるように
ⓒサテンS
ⓒストレートS
ⓑフレンチ
ノットS
ⓐサテンS
ⓑサテンS
ⓐストレートSで
埋めるように
ⓒフレンチノットS
ⓒストレートS
ⓒフレンチノットS
ⓑフレンチ
ノットS
ⓑストレートS
ⓓ
ⓓフレンチ
ノットS
（4本）
ⓒ
ストレートSで
埋めるように
ⓐサテンS
ⓓサテンS
ⓓ
ⓓ
ⓐ
ⓑサテンS
ⓐサテンS
ⓑロングアンド
ショートS
ⓐ
ⓑサテンS
ⓒサテンS
ⓒストレートS

02 : Swallows

ツバメ

2017年にできた生地から、手刺繍用につくり直した模様です。
札幌市競馬場の入口近くに、見事なしだれ柳があります。
とても大きくて何本かが並ぶように立っています。
小樽から札幌へ通うときに、数えきれないほどその木の前を通ってきました。
ちょうど目の前の信号機で停まると、何度も見ているのに
思わず見入ってしまうような迫力があります。
夏になると、緑のトンネルのようで
とても気持ちのよい道です。
そんな心地よさを思い出しながら模様をつくりました。

柳の枝の間を思い思いの方向に行き来するツバメたち。すーっと滑るように飛ぶ姿を思い出しながら刺してみましょう。

colour variation

〈布〉ヨーロッパリネン
マスタード（AS958）

〈糸〉DMC 25 番糸
ⓐ 3787（グレー）
ⓑ 644（ベージュ）

How to Stitch

材料

〈布〉リネン　水色　20×25cm

〈糸〉DMC 25 番糸
ⓐ 844（チャコールグレー）　1 束
ⓑ 3866（オフホワイト）　1 束

刺し方のポイント

ツバメも柳の葉もロングアンドショートステッチで刺します。ツバメは羽の流れに沿うように、葉はつけ根から葉先に向かって糸の流れをつくるように刺していくと仕上がりがきれいです。

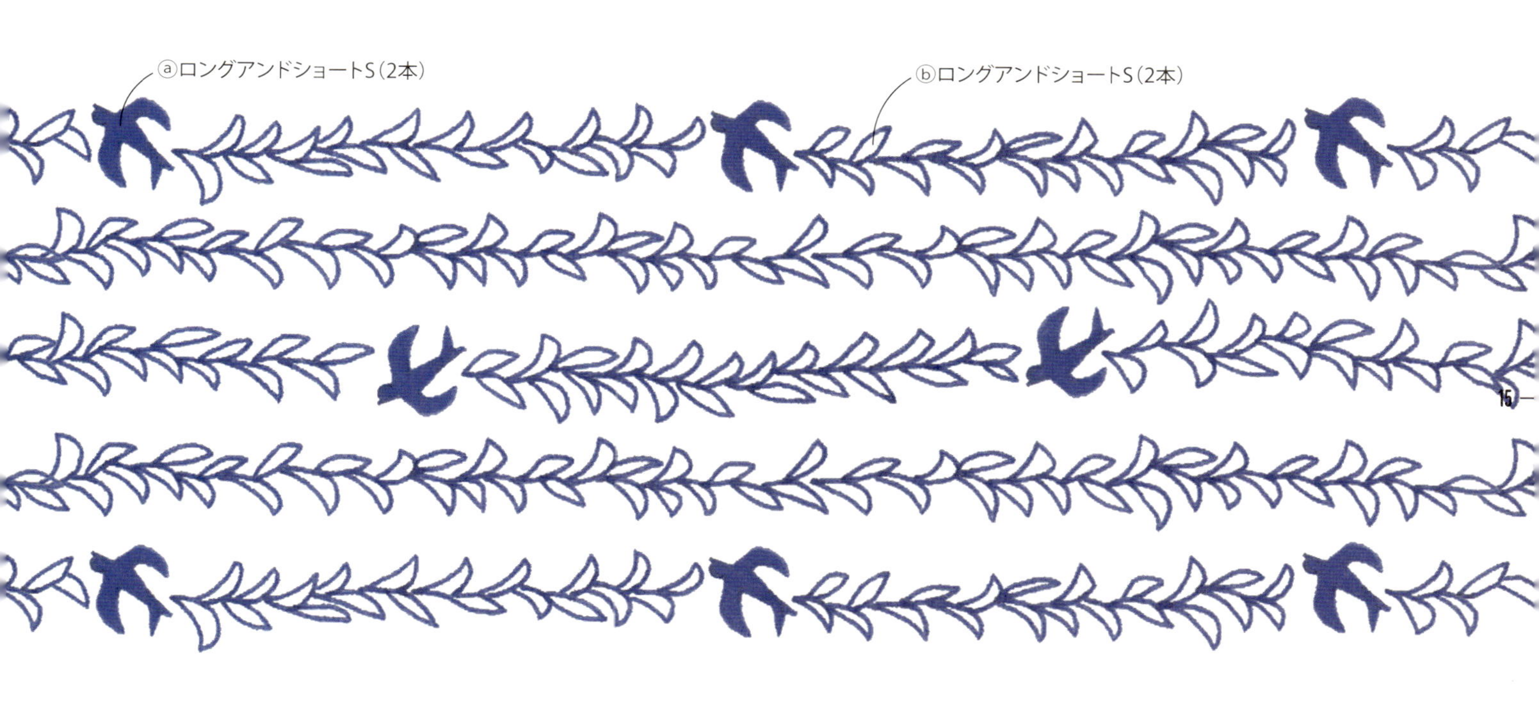
ⓐロングアンドショートS（2本）
ⓑロングアンドショートS（2本）
15

03 : Apples

林檎

バラ科の林檎の葉はギザギザとした形をしています。好きな葉っぱの形のひとつです。
鉛筆で描いた葉っぱがいろいろな方向に伸びてゆき、重なった葉のなかに
林檎が見え隠れし、旺盛に茂っている様子を表現しました。
実のなる頃になると鳥たちがついばんでいる様子もうかがえます。
ヒヨドリなどはよく何羽かでやってきて、一生懸命に食べています。
越冬前の腹ごしらえでしょうか。強すぎない線表現で
和風にも見える印象の模様なので、
着物の半衿などに使っても素敵だと思います。

葉や茎は線表現であっさりと。実はロングアンドショートステッチでふっくらと面をつくります。

Colour variation

〈布〉ヨーロッパリネン
　　麻カラー（AS597）
〈糸〉DMC 25 番糸
　　　ⓐ 924（ブルー）
　　　ⓑ 3022（グレー）

How to Stitch

材料

〈布〉ヨーロッパリネン
　　オフホワイト（AS222）　20×25cm
〈糸〉DMC 25 番糸
　　　ⓐ 988（グリーン）　3 束
　　　ⓑ 3822（イエロー）　1 束

刺し方のポイント

林檎の実は茎と重なる部分があるので、葉や茎を先に仕上げてから刺したほうがきれいに仕上がります。

〔ステッチガイド〕

04 : Bird garden

バードガーデン

夜中に鳥の鳴き声が聞こえました。一見、暗く静まりかえった森から聞こえてくると、
なんとも不思議な気持ちになります。
鳴き声の主たちはどんな詩を歌っているのでしょうか。
枝や葉はどんなふうに取り巻いているのでしょうか——
そんな不思議の気持ちを題材に「鳥の庭」と題してつくった模様です。
模様はその後刺繡生地になり、
今回はそれを小さめにまとめ直しました。
ブックカバーなどをつくれば、
本を開くのがいっそう楽しくなりそうです。

ブルー系とベージュ系の淡いトーンでまとめました。手刺繡ならではのふっくら、やわらかなステッチで定番の模様に新たな表情が生まれました。

Colour variation

〈布〉ヨーロッパリネン
　　ネイビーグレイ（AS956）
〈糸〉DMC 25 番糸
　　ⓐ 3033（ベージュ）
　　ⓑ 939（ネイビー）
　　ⓒ 932（ブルー）

〔ステッチガイド〕

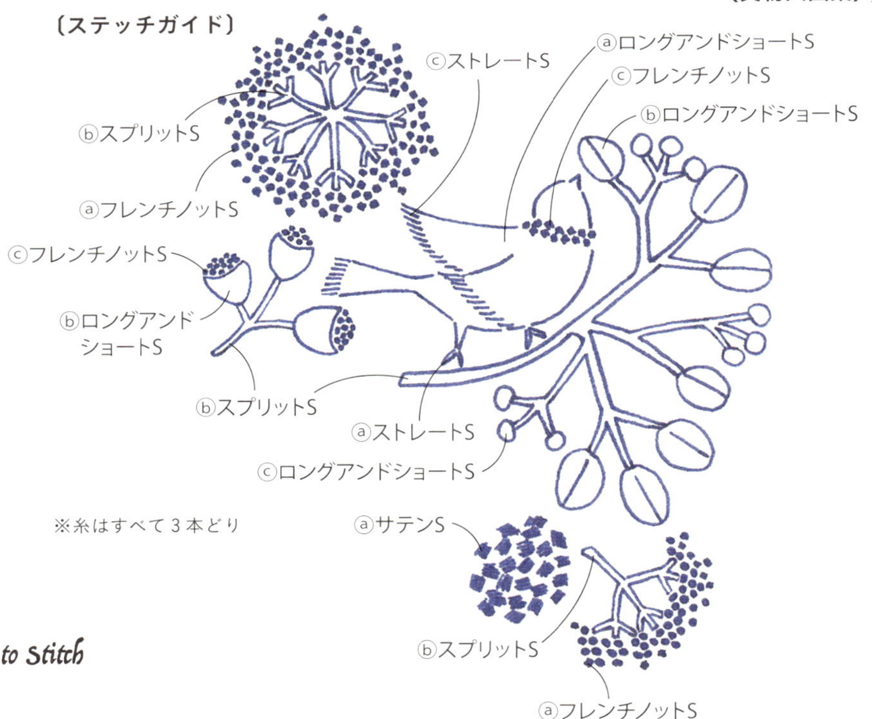

※糸はすべて3本どり

How to Stitch

材料

〈布〉リネン　水色　20×25cm
〈糸〉DMC 25 番糸
　　ⓐ 3865（オフホワイト）　2 束
　　ⓑ 3033（ベージュ）　3 束
　　ⓒ 932（ブルー）　1 束

刺し方のポイント

枝部分は、「スプリットステッチ」（P.120 参照）で刺します。鳥の体は羽毛の流れを意識しながら、羽のばさばさとした質感が出るようにみっしり刺しましょう。

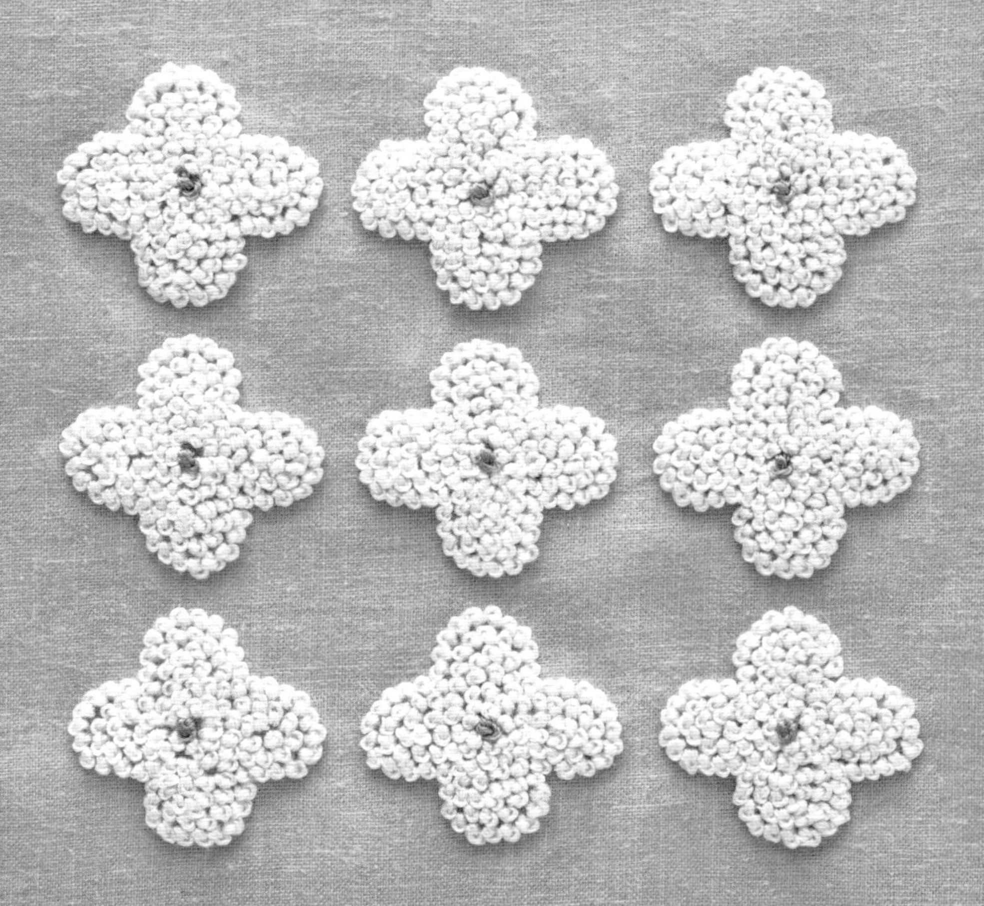

05 : Cross-shaped flowers

十字の花

クロス型の花モチーフを横に縦にとつなげていった模様です。
フレンチノットステッチで埋めることによりボリューム感と立体感が生まれ
ふんわりとした生地の模様のようにも見えます。
モチーフひとつ分のサイズを小さくしてもかわいいと思います。

花びら部分も花芯も、すべてフレンチノットステッチです。ふっくらとした花を近くで見ると、じゅうたんのよう。

Colour variation

〈布〉ヨーロッパリネン
クリムゾンバイオレット（AS605）
〈糸〉DMC 25 番糸
ⓐ 310（ブラック）
ⓑ 902（バイオレット）

〔実物大図案〕

How to Stitch

材料

〈布〉綿麻シーティング マスタード（AS837）20×25cm
〈糸〉DMC 25 番糸
ⓐ 3866（オフホワイト） 3 束
ⓑ 640（グレー） 1 束

刺し方のポイント

ひとつひとつの花は、初めに輪郭部分を刺してから輪郭の内側を埋めるようにフレンチノットステッチを刺していくときれいな形がつくりやすくなります。中心の花芯部分は刺し残しておき、最後に刺し埋めます。

ⓐフレンチノットS（6本）
ⓑフレンチノットS（6本）

28

06 : Rope

ロープ

刺繍でアランニットのような模様ができないかと思い
編んだ模様を刺繍で立体的に表現しました。
盛り上がるように刺すだけで、シンプルなロープ模様に奥行きが出て
存在感のある模様になりました。
横に伸ばすとボーダー、縦に伸ばすとストライプになり、
方向を変えるだけで使い方の幅が広がります。

本物のように立体的なロープは、クロストチェーンステッチで刺しています。2本並べて刺したチェーンステッチに新たな糸を巻きつけ、チェーンステッチをおおうように刺していくと、ロープの“撚り”のような模様ができます。

colour variation

〈布〉ヨーロッパリネン
麻カラー（AS597）
〈糸〉DMC 25 番糸
3033（ベージュ）

How to Stitch

材料

〈布〉ヨーロッパリネン
ターコイズブルー（AS925）20×25cm
〈糸〉DMC 25 番糸
3866（オフホワイト） 4 束

刺し方のポイント

2 本のひもが交差する部分は、実際には交差させず、交差の下側が途切れています。重なり方は右上から左下へいくほうが上、右下から右上へいくほうが下です。毎回同じ重なり方になるよう注意しましょう。

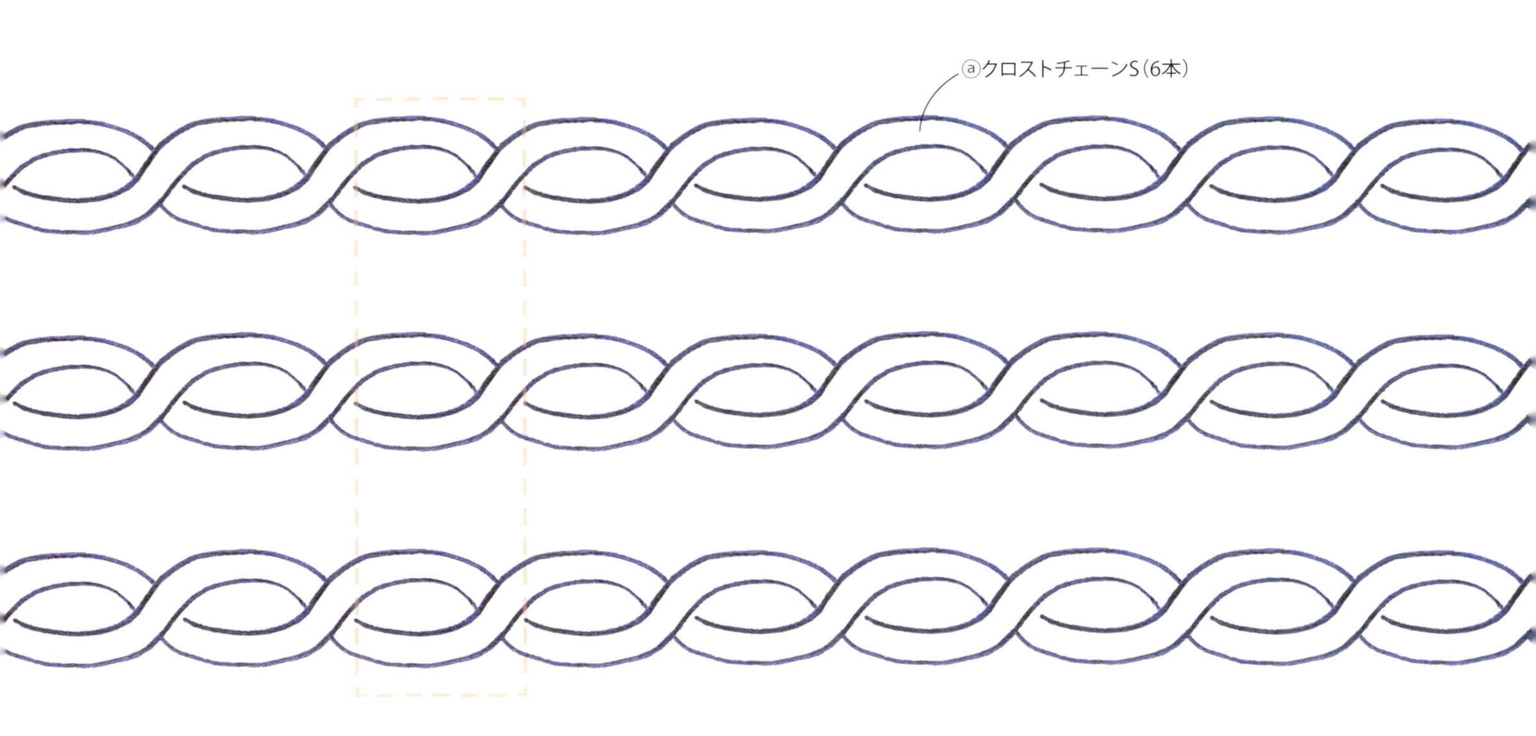
ⓐクロストチェーンS（6本）

07 : A row of houses

家並み

町に建つ家を少し小高いところから眺めると、屋根が連なって見え
町の色が見えてくるようです。黒や赤の瓦屋根の町、
北海道では赤や青の三角のトタン屋根も見られます。
輪郭線を描かないように模様をつくっているので、
窓を増やしたり余白の取り方を変えたりすることもできます。
背の高い塔をつくってみたり、
横長の校舎のようにも表現することも。
余白を自分なりに考えながら配置して
あなただけの家並みを考えてみるのもおすすめです。

ブルーと黄色で、白い生地の上に街を描くように家をつくっていきます。屋根の下に小さな窓をつくると、白い生地が白壁に変わります。

Colour variation

〈布〉ヨーロッパリネン
ココアブラウン（AS600）
〈糸〉DMC 25 番糸
ⓐ 644（ベージュ）
ⓑ 3750（ネイビー）

〔実物大図案〕
糸はすべて 6 本どり。

How to Stitch

材料

〈布〉ヨーロッパリネン
オフホワイト（AS222） 20×25cm
〈糸〉DMC 25 番糸
ⓐ 931（ブルー） 1 束
ⓑ 834（クリーム） 1 束

刺し方のポイント

屋根や壁の模様は、続けて刺していくとチェーンステッチのようにも見え、簡単にボリューム感が出るスプリットステッチで刺します。手描きのやわらかい線を残すようなイメージで、ステッチを均一に刺しすぎないのがコツです。

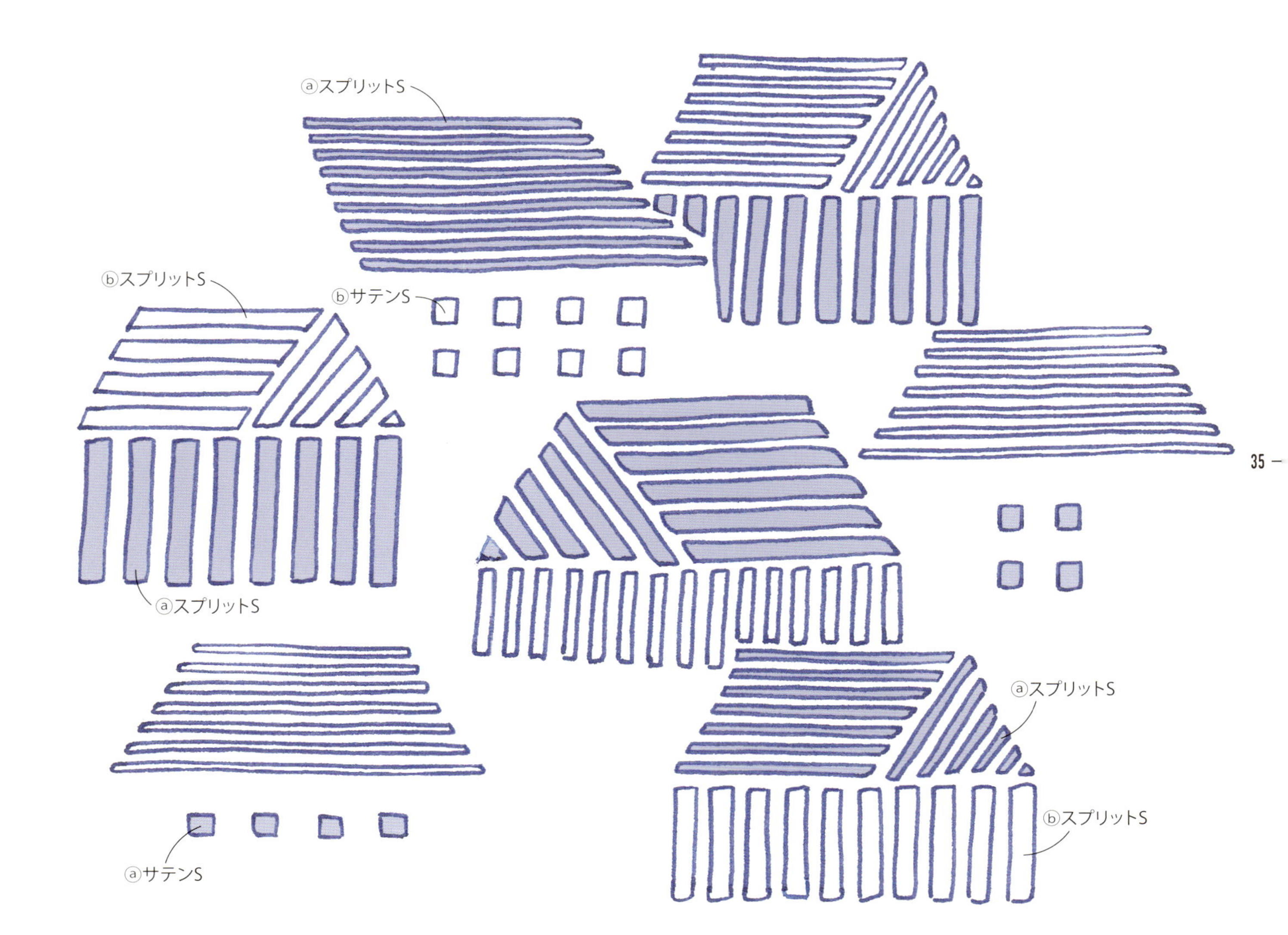
ⓐスプリットS
ⓑスプリットS
ⓑサテンS
ⓐスプリットS
ⓐスプリットS
ⓑスプリットS
ⓐサテンS

37

08 : Cats

猫

毛糸玉で遊んだり、金魚鉢をのぞいたり……
猫の仕草はずーっと見ていても飽きません。
そんな日常の猫の仕草をいろいろ集めて描きました。
一列に並べて刺すと、猫が遊びながら歩いているように見えます。
お気に入りの猫の仕草をひとつ選んで
T シャツやハンカチにワンポイント刺繡をしても。

飛び立つ風船を追いかけて、思わず後ろ
脚で立ち上がった猫。動くものが大好き
な猫の愛らしい一瞬のポーズです。

Colour variation

〈布〉ヨーロッパリネン
YUWA ハーフリネンダークレッド（A889）
〈糸〉DMC 25 番糸
ⓐ 3799（チャコールグレー）
ⓑ 3866（オフホワイト）

〔実物大図案〕
P.40-41

How to Stitch

材料

〈布〉ヨーロッパリネン
麻カラー（AS597）　20×50cm
〈糸〉DMC 25 番糸
ⓐ 844（チャコールグレー）　2 束
ⓑ 3777（レッド）　1 束

刺し方のポイント

猫の体は毛並みをつくるようにロングアンドショートステッチを刺します。ふっくらと立体的に刺すと、いきいきとした猫の動作が際立ってきます。

〔実物大図案〕

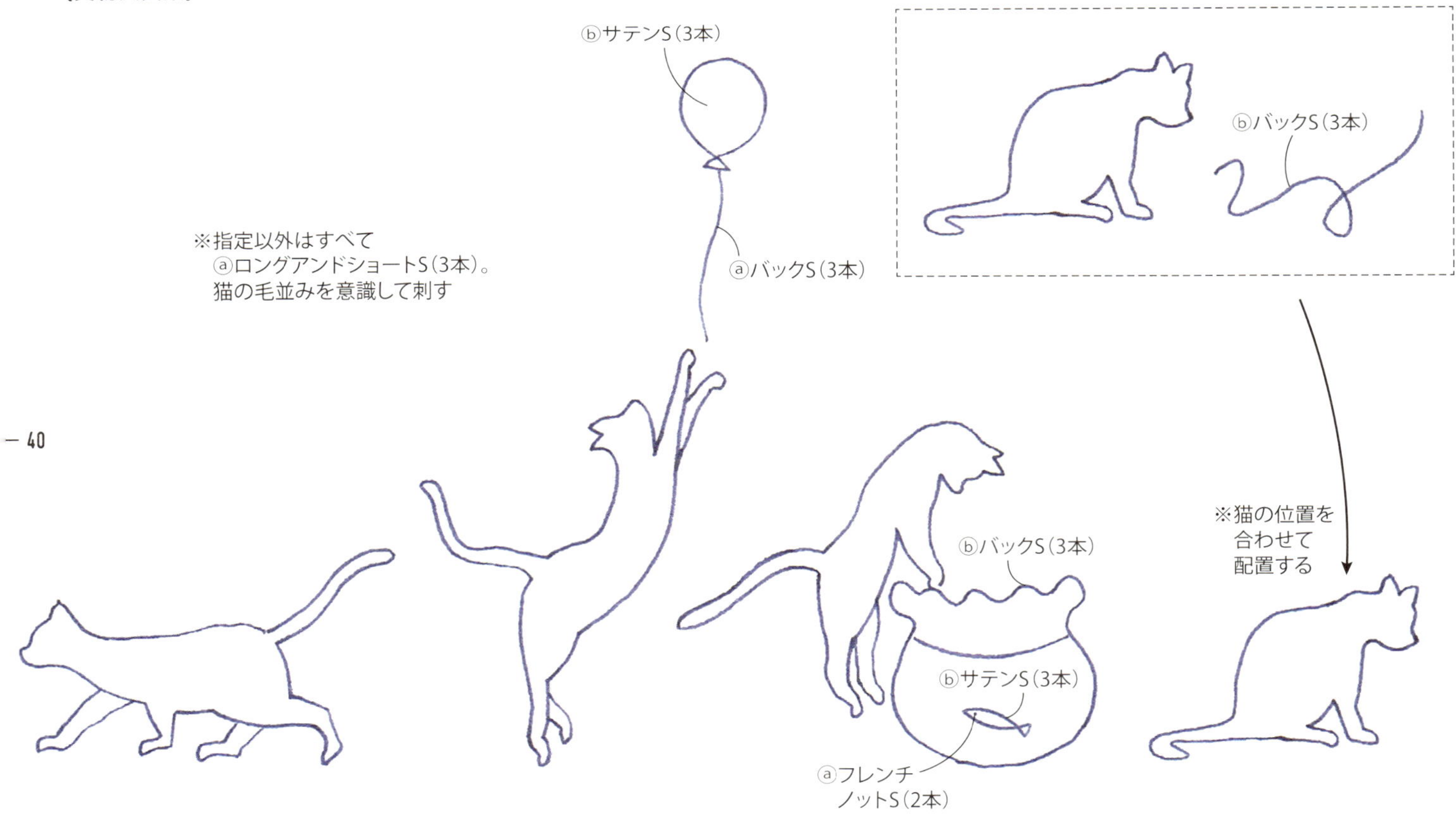
ⓑサテンS（3本）
※指定以外はすべて
ⓐロングアンドショートS（3本）。
猫の毛並みを意識して刺す
ⓐバックS（3本）
ⓑバックS（3本）
※猫の位置を
合わせて
配置する
ⓑバックS（3本）
ⓑサテンS（3本）
ⓐフレンチ
ノットS（2本）

ⓑサテンS（3本）
ⓐショートS（3本）
ⓐバックS（3本）
ⓐフレンチ
ノットS
（2本）
ⓐバックS（3本）
ⓑサテンS（3本）
ⓑサテンS（3本）

09 : Above the clouds

雲の上

仕事柄、飛行機によく乗ります。退屈しのぎに窓の外に見える雲を眺めて、
いまこの飛行機は広い空の中を小さな点のようにぽつんと存在し
飛んでいるのではないかと想像したりします。
白い生地を画用紙に見立てて、どこまでも続く空を表現しました。
大きな雲の中に赤い飛行機を一機、小さく入れることで
対比の効果で広々とした空を思い起こさせます。
生地の地の色も模様の一部と考える視点をもって
刺繍してみてください。

ブルーの部分は見方によって、雲の向こうに広がる青空にも、雲のすきまからのぞいた青い海にも。あなたにはどちらに見えるでしょう？

Colour variation

〈布〉ヨーロッパリネン
ターコイズブルー（AS925）
〈糸〉DMC 25 番糸
ⓐ 3866（オフホワイト）
ⓑ 349（レッド）

〔実物大図案〕

How to Stitch

材料

〈布〉ヨーロッパリネン
オフホワイト（AS222）　20×25cm
〈糸〉DMC 25 番糸
ⓐ 518（ブルー）　1 束
ⓑ 817（レッド）　1 束

刺し方のポイント

雲の輪郭は、すべてコーチングステッチです。カーブのラインをきれいに出すコツは、とめ糸の間隔をせまめにすること。雲のすきま部分はチェーンステッチ。輪郭を刺してからその内側を埋めるように刺していきます。

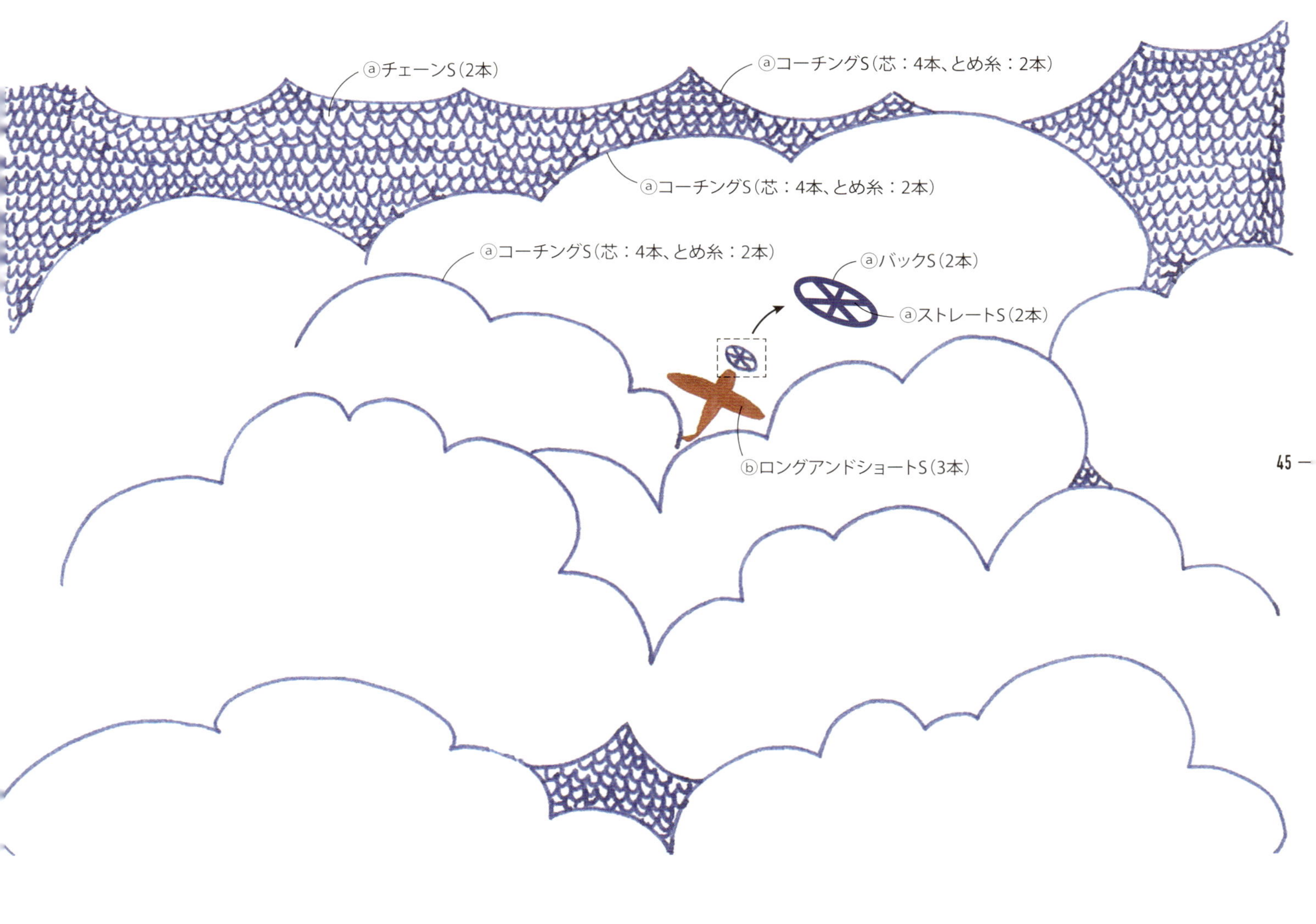
ⓐチェーンS（2本）
ⓐコーチングS（芯：4本、とめ糸：2本）
ⓐコーチングS（芯：4本、とめ糸：2本）
ⓐコーチングS（芯：4本、とめ糸：2本）
ⓐバックS（2本）
ⓐストレートS（2本）
ⓑロングアンドショートS（3本）

10 : Rain

雨

通り雨がざーっと降ると、雨粒が地面に打ちつけるように降って跳ね返ります。
地面に、屋根に、車の上に…細かな水しぶきが霧のように立ち上がります。
雨を線で、水しぶきを点で表現し「点と線模様製作所」らしい模様ができました。
線をほんの少しかしげたり、カーブをつけたりすることで
単純なくり返しのなかにも動きが出ます。

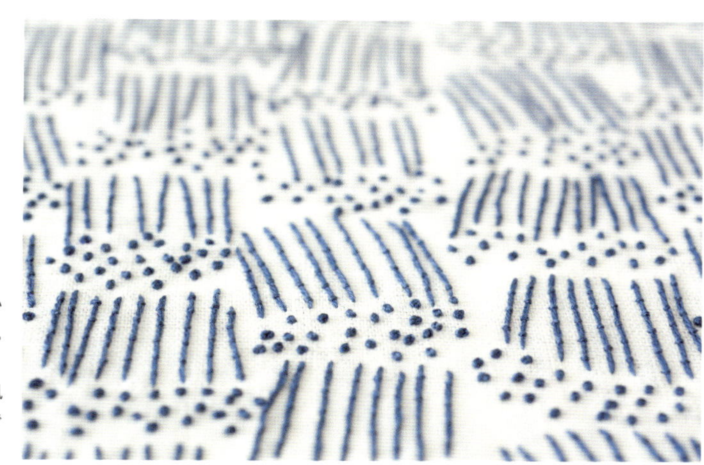

布いっぱいに雨の軌跡と雨粒を刺していくと、どしゃ降りの雰囲気が出てきます。雨は災害をもたらす側面もありますが、大地に降る「恵み」でもあり、自然の風景として誰にでも身近な題材のひとつでしょう。

Colour variation

〈布〉 ヨーロッパリネン
チャコール（AS603）
〈糸〉 DMC 25 番糸
3024（オフホワイト）

How to Stitch

材料

〈布〉 ヨーロッパリネン
オフホワイト（AS222）　20×25cm
〈糸〉 DMC 25 番糸
3842（ブルー）　2 束

刺し方のポイント

雨の軌跡はコーチングステッチ、雨粒はフレンチノットステッチで刺します。雨筋の角度や方向はそれぞれ微妙に変えて、雨粒はランダムに。どちらもあえてきちんとそろえないことで動きを出します。模様をリピートさせるときは、真横ではなく、斜め横にスライドさせてください。

〔ステッチガイド〕

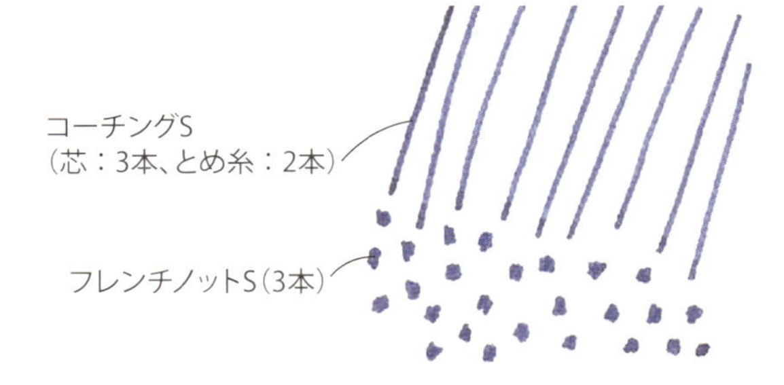

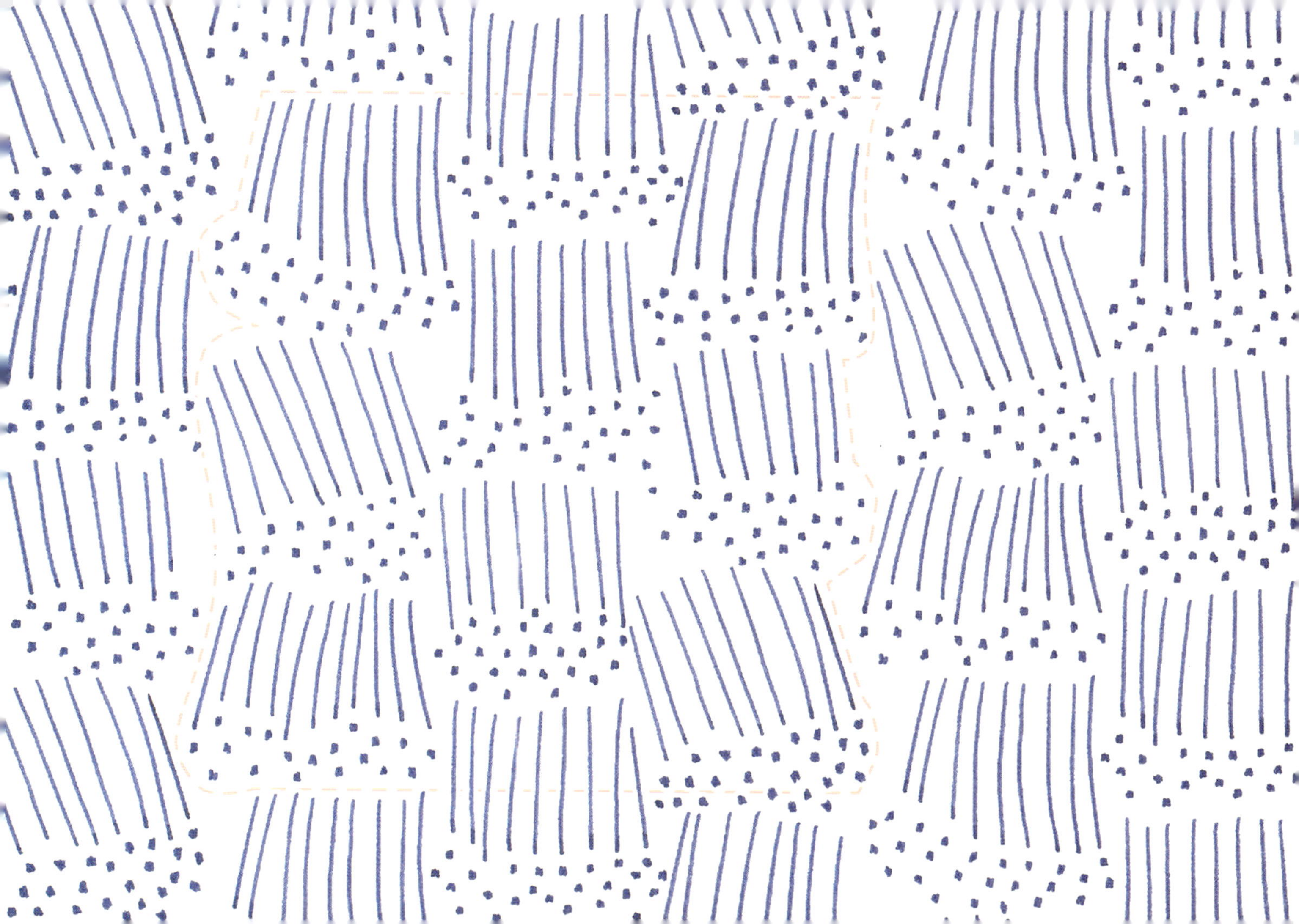

11 : Round fishes
丸い魚

何匹もいる丸みをおびた魚は、もともとは同じ1匹の魚の図案からできています。
1匹の魚を2色に分けてランダムに配置し
さらに魚たちが向く方向を一定にしないようにすると
同じ丸い魚たちがそれぞれに動きだし、違う魚に見えて模様にリズム感が出ます。
あえて同じ色、同じ向きで構成して統一感のあるイメージに
アレンジしても面白いと思います。

魚の体はチェーンステッチを外側からぐるぐるとうず巻きを描くように、中心へ向かって刺していきます。

colour variation

〈布〉ヨーロッパリネン
ターコイズブルー（AS925）
〈糸〉DMC 25 番糸
ⓐ 939（ネイビー）
ⓑ 644（ベージュ）

How to Stitch

材料

〈布〉ヨーロッパリネン マスタード（AS958）20×25cm
〈糸〉DMC 25 番糸
ⓐ 803（ブルー） 1 束
ⓑ 3866（オフホワイト） 2 束

刺し方のポイント

魚の体は外側から中心に向かって時計回りにぐるぐるとチェーンステッチを刺します。目は最後に刺しますが、図案が見えなくなっているのでほかの魚と目の位置がそろうように気をつけて刺しましょう。

〔実物大図案〕

糸はすべて３本どり。

ⓐチェーンS
ⓑバックS
ⓑフレンチノットS
ⓐフレンチノットS
ⓑチェーンS
ⓐバックS

12 : Flapping

はばたき

一羽が飛んだのをきっかけに、鳥たちが一斉に飛び立ち
はばいたいている様子を模様にしました。
鳥のサイズ感をそろえることで、いろいろなしぐさの鳥がいても
模様全体に統一感が出ます。
青地に白糸で刺すと青空とカモメ。グレー地に白で刺すと白鳩。
色により連想される鳥も変わってきます。

鳥たちの輪郭はすべてコーチングステッチ。立体的なステッチが、鳥たちの動きをより躍動的に見せてくれるようです。

Colour variation

〈布〉ヨーロッパリネン
麻カラー（AS597）
〈糸〉DMC 25 番糸
ⓐ BLANC（ホワイト）
ⓑ 817（レッド）

How to Stitch

材料

〈布〉リネン オフ白（AS222）20×25cm
〈糸〉DMC 25 番糸
ⓐ 725（イエロー） 2 束
ⓑ 928（薄グリーン） 1 束

刺し方のポイント

鳥らしく形づくるためのポイントは、口ばしの先端。コーチングステッチの刺し始めと刺し終わりを口ばしの先端にすると、口ばしの先をきれいにとがらせることができます。

コーチングS
（芯：ⓐ6本、とめ糸：ⓑ3本）
Ⅰ模様の続き部分

Image souces

身の回りの動物や植物、風景……模様づくりのヒントは見慣れた景色のなかにあります。

13 : Lace flowers

レースフラワー

ダマスク柄の織物をもとにつくった模様です。
ひとつのかたまりをスタンプの要領で
斜め上、斜め下に置いていくとくり返し模様ができます。
時間はかかりますが、クッションカバーなどにびっしりと刺繍すると華やかで上品な印象に。
大きな面で使うほど、模様の良さが引き立つと思います。

淡いトーンの２色を使って、繊細な紋様
のイメージを表現します。

colour variation

〈布〉ヨーロッパリネン
オフホワイト（AS222）
〈糸〉DMC 25 番糸
ⓐ 3033（ベージュ）
ⓑ 562（グリーン）

〔実物大図案〕

How to Stitch

材料

〈布〉YUWA ハーフリネン
ライトピンク（AS851） 20×25cm
〈糸〉DMC 25 番糸
ⓐ 3033（ベージュ） 2 束
ⓑ 834（クリーム） 1 束

刺し方のポイント

ⓑ糸で刺す茎はコーチングステッチ。ⓐ糸で刺す下側の葉っぱ部分は、葉はロングアンドショートステッチ、茎はスプリットステッチで刺します。中央の模様を好きな間隔で周囲に広げていくと、より広い面をつくることも。

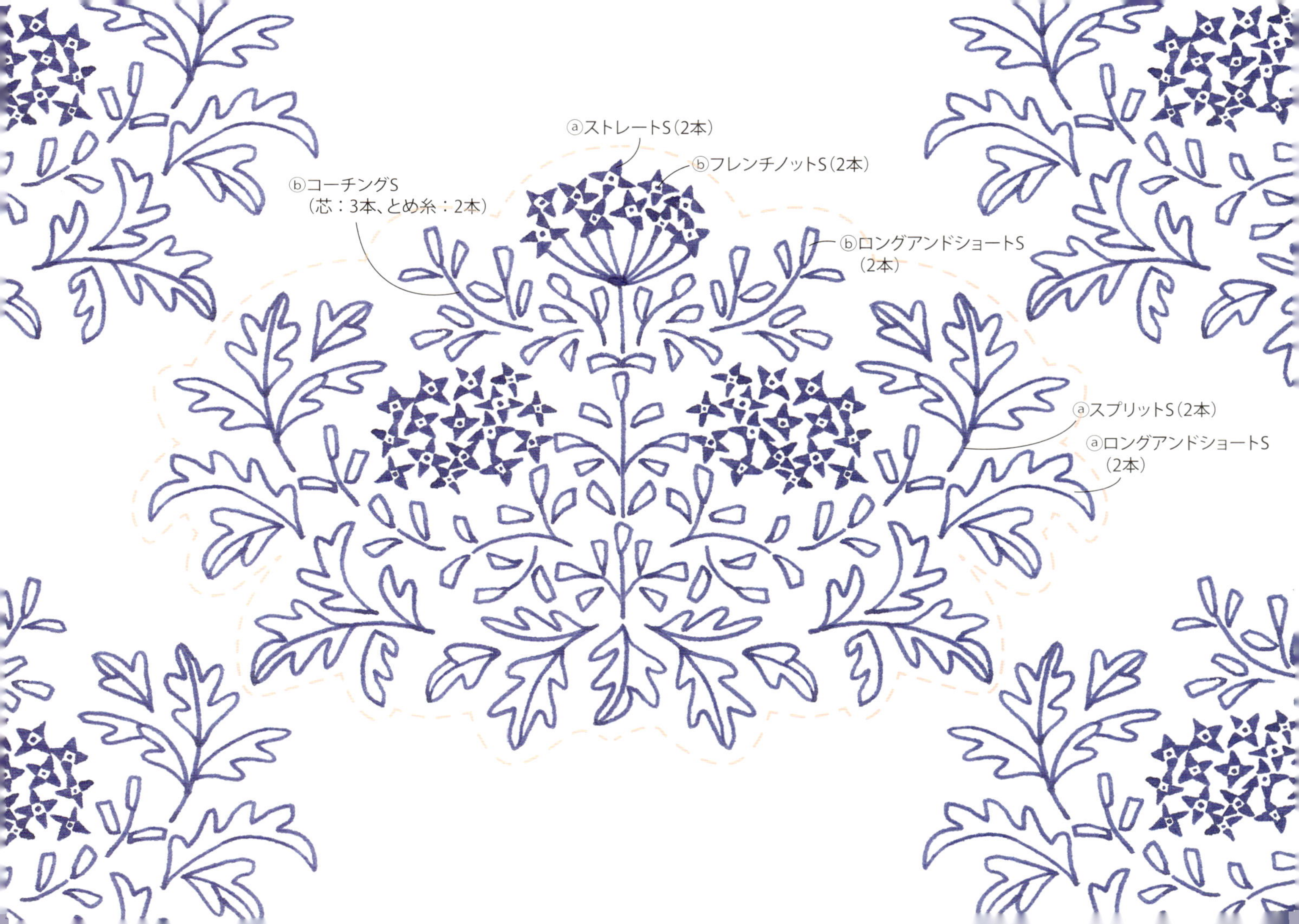
ⓐストレートS（2本）
ⓑフレンチノットS（2本）
ⓑコーチングS
（芯：3本、とめ糸：2本）
ⓑロングアンドショートS
（2本）
ⓐスプリットS（2本）
ⓐロングアンドショートS
（2本）

14 : A grassland

草原

家の近くの豊平川。イネ科の草が河川敷に茂っています。
草の丈まで目線を低くしてのぞき込むと、
細い葉っぱが幾重にも重なる景色が広がります。
虫の目線になったようで、見えないものが見えてきます。
模様づくりを仕事にしているせいか、風景のなかに
重なっているものや並んでいるものを
見つけるとぐっときます。
そうした風景や模様には、共通する何らかの
秩序やルールがあるように思います。
重なるように並ぶ家の屋根、森の木々、石だたみ、
小包に並べて貼られた切手、打ち寄せる波……。
このような風景を目にすると
模様そのもののように見えます。

colour variation

〈布〉ヨーロッパリネン
麻カラー（AS597）
〈糸〉DMC 25 番糸
ⓐ 817（レッド）
ⓑ 318（グレー）
ⓒ 165（イエローグリーン）
ⓓ 415（薄グレー）
ⓔ 989（グリーン）
ⓕ 932（ブルー）
ⓖ 310（ブラック）

How to Stitch

材料

〈布〉ヨーロッパリネン
オフホワイト（AS222）　20×25cm
〈糸〉DMC 25 番糸
ⓐ 817（レッド）　1 束
ⓑ 926（薄ブルー）　1 束
ⓒ 930（濃ブルー）　1 束
ⓓ 3822（イエロー）　1 束
ⓔ 644（ベージュ）　1 束
ⓕ 470（グリーン）　2 束
ⓖ 310（ブラック）　1 束

刺し方のポイント

トンボ、てんとう虫、カタツムリ、ちょうちょ、イモ虫。小さな虫たちも忘れずに刺繍してくださいね。使う糸の本数により針の太さを変えると、小さなモチーフもきれいに刺せます。

〔ステッチガイド〕

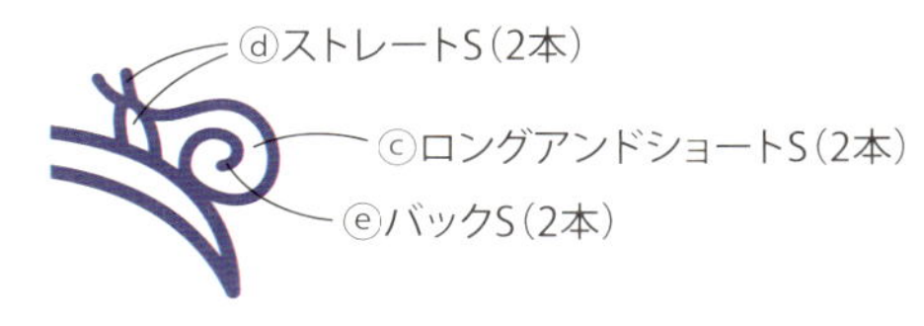

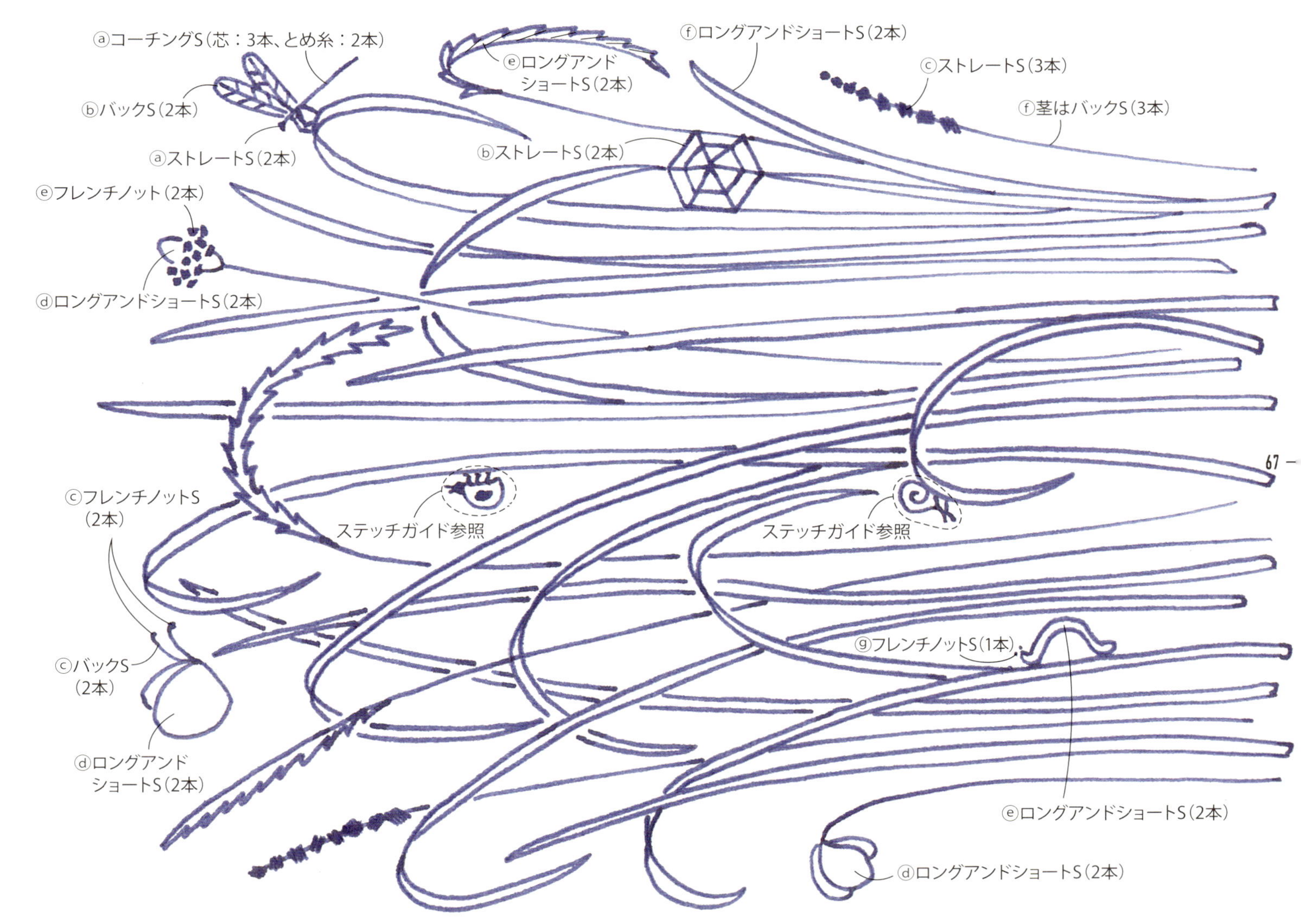
ⓐコーチングS（芯：3本、とめ糸：2本）
ⓔロングアンド
ショートS（2本）
ⓕロングアンドショートS（2本）
ⓒストレートS（3本）
ⓑバックS（2本）
ⓕ茎はバックS（3本）
ⓐストレートS（2本）
ⓑストレートS（2本）
ⓔフレンチノット（2本）
ⓓロングアンドショートS（2本）
ステッチガイド参照
ステッチガイド参照
ⓒフレンチノットS
（2本）
ⓒバックS
（2本）
ⓖフレンチノットS（1本）
ⓓロングアンド
ショートS（2本）
ⓔロングアンドショートS（2本）
ⓓロングアンドショートS（2本）

15 : Tiles

タイル

絵つけのタイルが並んでいるような模様です。
無地のスカートなどがあれば、すそにぐるりとあしらったり、
モチーフひとつ分を一枚ずつコースターにしても素敵です。

葉っぱはアウトラインステッチで刺し、
すきまにパラパラとまくようにフレンチ
ノットステッチのつぶつぶを刺します。

colour variation

〈布〉ヨーロッパリネン
オフ白（AS222）
〈糸〉DMC 25 番糸
803（ブルー）

How to Stitch

材料

〈布〉ヨーロッパリネン
濃紺（AS668）20×25cm
〈糸〉DMC 25 番糸
3866（オフホワイト） 5 束

刺し方のポイント

一枚一枚の葉っぱは、すべてアウトラインステッチで刺します。まず輪郭を刺してから、図案の線を糸の流れの目安にしてさらにアウトラインステッチで刺し埋めます。全体の四角い形がきれいに出るよう、外側は慎重に。

フレンチノットS（4本）
アウトラインS（3本）

16 : Hydrangea

紫陽花

雨の気配を感じさせてくれる紫陽花は大好きな花です。
知らず知らずのうちに何度も模様の題材として登場していました。
今回はシンプルに一輪の紫陽花を描きました。
バッグやポーチなどの袋ものに一輪だけ刺繍しても華やかです。

赤い紫陽花はありませんが、ベージュの生地に赤い糸で刺すと、模様が印象的に見えます。本当の花とは違う色で刺して、自分色で作るのも手刺繍の楽しみですね。

colour variation

〈布〉ヨーロッパリネン
グリーン（AS959）
〈糸〉DMC 25 番糸
644（ベージュ）

How to Stitch

材料

〈布〉ヨーロッパリネン
麻カラー（AS597）　20×25cm
〈糸〉DMC 25 番糸
817（レッド）　2 束

刺し方のポイント

葉はチェーンステッチで葉の中央から外側へと図案の輪郭に沿って刺します。花はすべてサテンステッチ。一枚一枚のガクを刺す方向はタテでもヨコでもよいのですが、方向をそろえたほうがきちんとした仕上がりになります。

サテンS（3本）
チェーンS（2本）

17 : Woods

林

風が吹き抜ける林を題材につくった図案です。
さまざまな木が共存する日本の雑木林をイメージして、いろいろなフォルムの木を描きました。
単純なステッチで表現することで、素朴な印象に。
そのままかごバッグの目隠し布などに使ってもいいと思います。
林の模様と一緒にお出かけすると、毎日ピクニック気分になれそうです。
細幅の布に木を一列に刺繍して、袋縫いで細長いひも状に
仕立てると、ベルトやヘアバンドとして使える
リボンができます。一列に並べると、
林ではなく街路樹に見えますよ。

木のいろいろな形を楽しみながら刺して
みてください。白い糸で刺した木は、雪
化粧した冬の木のようにも見えます。

Colour variation

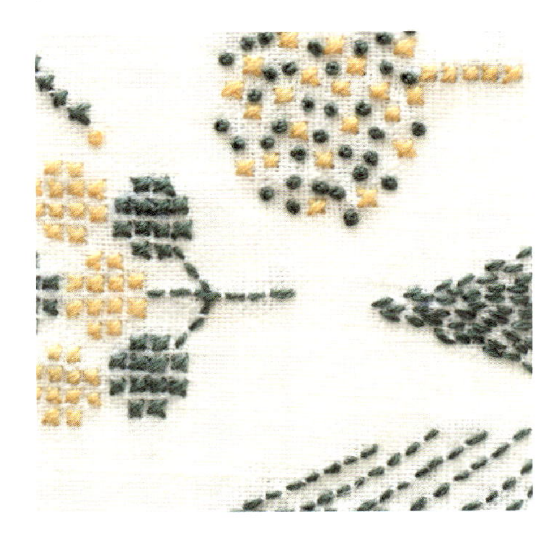

〈布〉ヨーロッパリネン
オフホワイト（AS222）
〈糸〉DMC 25 番糸
ⓐ 3821（イエロー）
ⓑ 501（グリーン）

〔実物大図案〕

糸はすべて3本どり。青線部分はⓐ糸、茶色線部分はⓑ糸で指定のステッチを刺します。

How to Stitch

材料

〈布〉ヨーロッパリネン
ダークブルー（AS606）　20×25cm
〈糸〉DMC 25 番糸
ⓐ 3866（オフホワイト）　1束
ⓑ 986（グリーン）　1束

刺し方のポイント

ランニングステッチはお裁縫で言う「並縫い」なのですが、縫い目と縫い目の間をなるべくせまく、針1本分くらいにします。配色が少し複雑なので、間違えないように注意して刺しましょう。

クロスS
フレンチノットS
ランニングS
ストレートS
ランニングS
フレンチノットS

18 : Plants drawn wtih lines

線の植物

この模様のなかにミミコウモリという植物があるのがわかりますか……？
コウモリが翼を広げたような形をしているところから、その名がついたそうです。
言われてみるとこうもり傘を開いたようにも見えます。
そろそろ見つけられた人もいるかもしれませんね。

ミミコウモリと出会ったのは半日陰の林内。
そこでは強い日差しが何枚もの葉の重なりにさえぎられ
地面に届く頃には細い光になります。
ひんやりと少し湿って暗い林には、
からっと明るい感触にはない安心感を感じます。
夫の植物調査について歩いていたときに見つけて気に入った葉っぱです。
彼は辞書を持ち歩いているかのように植物の名と
特徴を読み上げながら歩くのでせわしない感じではありますが、
普段は「きれいだな」「かわいいな」という二語で
表現していただけだった植物への見方が変わっていくのを感じます。

Colour variation

〈布〉ヨーロッパリネン
オフホワイト（AS222）
〈糸〉DMC 25 番糸
3345（グリーン）

How to Stitch

材料

〈布〉ヨーロッパリネン
チャコール（AS603） 20×25cm
〈糸〉DMC 25 番糸
644（ベージュ） 2 束

刺し方のポイント

つぶつぶとした部分以外は、すべてコーチングステッチです。コーチングステッチの芯糸で線画を描くように刺してみてください。線が重なっている箇所は、重なりの上になっているほうを先に刺し、下になっているほうは先に刺した線とぶつかる部分はその線をよけて刺します。

フレンチノットS（2本・2回巻）
コーチングS
（芯：2本、とめ糸：1本）
フレンチノットS
（2本・2回巻）

19 : Little flowers

リトルフラワー

2016年につけ衿用に制作した模様をアレンジしました。
ざっくりとしたタッチで図案を描いた総柄の小花模様なので、華やかでありつつ素朴。
やわらかな色合いにすると若々しい印象になりますが
今回のような暗めの色で刺すと大人っぽいシックな印象になります。
パーティ用の小さなガマグチバッグなどにしても素敵ですね。

手描きのざっくりとしたタッチをまねて、ステッチのタッチもあえてざっくり、ラフに。

colour variation

〈布〉ヨーロッパリネン
麻カラー（AS597）
〈糸〉DMC 25 番糸
ⓐ 3866（オフホワイト）
ⓑ 3750（ネイビー）
ⓒ 932（ブルー）

How to Stitch

材料

〈布〉ヨーロッパリネン
グリーン（AS959）　20×25cm
〈糸〉DMC 25 番糸
ⓐ 644（ベージュ）　2 束
ⓑ 3750（ネイビー）　1 束
ⓒ 503（薄グリーン）　1 束

刺し方のポイント

花芯以外はすべてストレートステッチで刺しますが、図案のタッチに合わせてロングアンドショートステッチを取り混ぜるようにして刺していくのがコツです。

〔実物大図案〕

糸はすべて 3 本どり。図案の茶色部分はⓐ糸、青部分はⓑ糸、緑部分はⓒ糸で刺します。花芯はフレンチノット S の 2 回巻で刺し、それ以外はストレート S を刺します。

a
b
c

20 : Forest with squirrels

リスの森

森を散歩しているとき、石の上にくるみの殻を見つけました。
その光景はまるでテーブルのようでした。
くるみを食べていたのはリスじゃないかもしれないのですが
私はたぶんリスだろうと思いました。

あっちをきょろっ、こっちをきょろっ。
秋のリスは落ち葉の上や木の枝を移動して
木の実や種を探すのに大忙し。
そんな秋のにぎやかな森をカラフルに描いた模様です。
ポットカバーなどに刺繍すると、
お茶の時間が楽しくなるかもしれません。

〔実物大図案〕

使用ステッチと使用色は配色・ステッチ一覧を参照してください。

How to Stitch

材料

〈布〉ヨーロッパリネン

麻カラー（AS597）　20×25cm

〈糸〉DMC 25 番糸

㋐ 3776（オレンジ）　2 束

㋑ 3821（イエロー）　2 束

㋒ 3752（濃ブルー）　2 束

㋓ 931（薄ブルー）　2 束

㋔ 310（ブラック）　少々

刺し方のポイント

リスの体は毛並みを意識してみっしり、ふっくらと刺してみてください。そして耳としっぽの先は、㋓糸 1 本どりで、毛先のふわふわした質感が出るように、あえてランダムに刺します。

配色・ステッチ一覧

記号	使用ステッチ	使用色	糸の本数
ⓐ	スプリット S	㋐オレンジ	3 本
ⓑ	チェーン S		
ⓒ	フレンチノット S		
ⓓ	ロングアンドショート S		
ⓔ	サテン S	㋑イエロー	3 本
ⓕ	フレンチノット S（2 回巻）		
ⓖ	ロングアンドショート S（2 回巻）		
ⓗ	コーチング S	㋒濃ブルー	芯糸：3 本、 とめ糸：2 本
ⓘ	スプリット S	㋒濃ブルー	3 本
ⓙ	チェーン S		
ⓚ	フレンチノット S		
ⓛ	ロングアンドショート S		
ⓜ	ストレート S	㋓薄ブルー	3 本
ⓝ	スプリット S		
ⓞ	チェーン S		
ⓟ	ロングアンドショート S		
ⓠ	ストレート S	㋓薄ブルー	1 本
ⓡ	フレンチノット S（2 回巻）	㋔ブラック	1 本

ⓗ（芯：3本、止め糸：2本）
ⓓ
ⓖ
ⓟ
ⓝ
ⓕ
ⓐ
ⓒ
ⓠ
ⓡ
ⓚ
ⓛ
ⓗ（芯：3本、
止め糸：2本）
ⓞ
葉ⓜ
茎ⓝ
ⓑ
ⓘ
ⓔ
ⓙ

colour variation

〈布〉ヨーロッパリネン
クリムゾンバイオレット（AS605）
〈糸〉DMC 25 番糸
㋐ 451（ピンクグレー）
㋑ 932（ブルー）
㋒ 453（ピンクベージュ）
㋓ 3750（ネイビー）
㋔ 310（ブラック）

Chapter 02

模様刺繍の遊び方

——模様で広がる、完成したあとのお楽しみ

Idea 01

そのまま飾る

模様刺繡の楽しみ方として、一番簡単なのが「そのまま飾る」方法です。
あらかじめ少し大きめの布に刺繡をして、木枠に巻いて
ファブリックパネルに仕立てる方法もありますが、
好みのフレームに収めるだけなら、より手軽です。
刺繡をガラスの内側に入れて飾れば表面を保護できますが、
あえて刺繡でガラスを巻くようにしてフレームに収めれば
ガラスにさえぎられることなくステッチの風合いを楽しめます。

材料（1点分）

・完成した刺繡　1枚
・好みのフレーム　1個
※フレームが刺繡布より小さい場合は、フレーム付属のガラス、またはボール紙に刺繡を巻いてフレームに収めます。フレームが刺繡布より大きい場合は周囲にマウントを入れてもいいのですが、あえて布端を出して飾っても素敵です

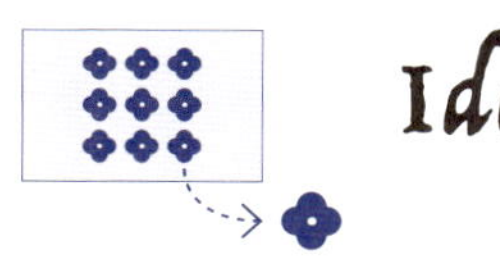

Idea 02

モチーフを取り出す

図案全体を刺すのはちょっと大変そうだな…という人に
おすすめなのが、好きなモチーフをひとつだけ刺す楽しみ方です。
ハンカチやブラウスにワンポイントで刺繍するほか、
ブローチにすれば、胸元にバッグにと好きなところに飾れます。

材料（ブローチ1個分）

〈布〉好みの布　12cm角程度
（モチーフの大きさに合わせて刺繍枠に入るサイズに切る）

〈刺繍糸〉モチーフに合わせて適宜
※左ページ写真のモチーフは右上から時計回りに、P.20「バードガーデン」、P.26「十字の花」の配色バリエーション、P.36「猫」から抜き出しています

〈その他材料〉
・布に似た色のフェルト　10cm角程度
・布に似た色の手縫い糸　適宜
・ブローチピン　1個
※あらかじめ好みのモチーフ1個を刺繍しておく

How to make

ブローチのつくり方

①刺繍した布の裏に接着芯を貼る

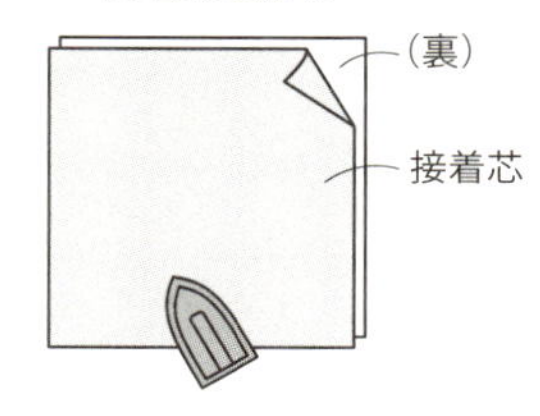

②モチーフを周囲3mmほどのところから切り抜く

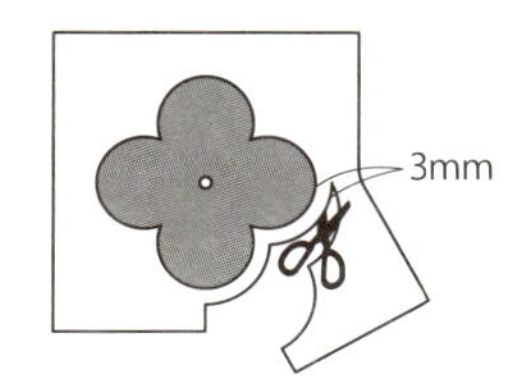

③切り抜いたモチーフに合わせてフェルトを切り抜く

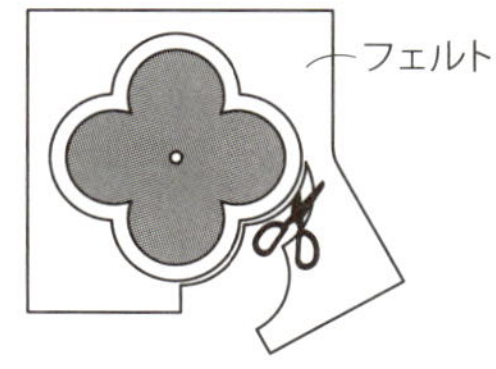

※薄手フェルトは2枚、厚手フェルトは3枚

④ ②と③を重ねる

⑤手縫い糸を使い、周囲をブランケットステッチで細かくまつる

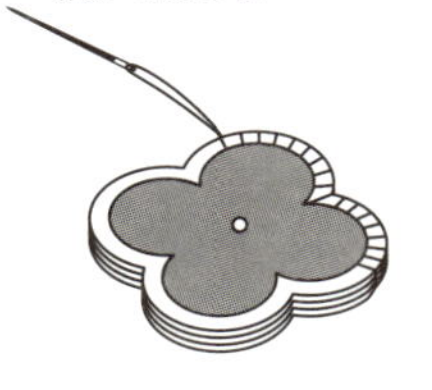

⑥裏面にブローチピンをつける

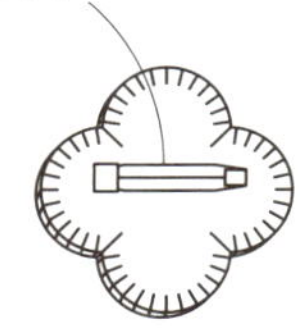

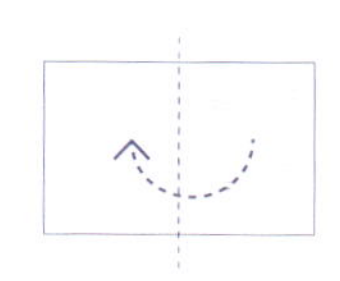

Idea 03

長辺を半分に折って使う

この本のサイズ・A5 判は短辺が 148mm で、長辺が 210mm。
刺繍した布を一枚の布と考えると、そのまま小物づくりに使うこともできます。
長辺を半分に折ると、だいたい高さ 10cm、幅 15cm くらいの袋状になります。
これは小さめのポーチくらいのサイズ。
ここではものが入れやすくなるよう底にマチをとった、
逆台形のポーチに仕立てました。
この使い方には、方向性のない模様が向いています。

つくり方は次ページ

材料

P.98 左「ツバメ」のポーチ

〈表布〉リネン　水色　20×25cm

　　※あらかじめ P.15 の図案を刺繍しておく

〈刺繍糸〉P.14 参照

〈裏布〉好みの布　20×25cm

〈その他材料〉

・ファスナー　14cm を 1 本

・手縫い糸　適宜

P.98 右「林檎」のポーチ

〈表布〉ヨーロッパリネン

　　オフホワイト（AS222）20×25cm

　　※あらかじめ P.19 の図案を刺繍しておく

〈刺繍糸〉P.18 参照

〈裏布〉好みの布　20×25cm

〈その他材料〉

・ファスナー　14cm を 1 本

・手縫い糸　適宜

How to make

マチつきポーチのつくり方

製図

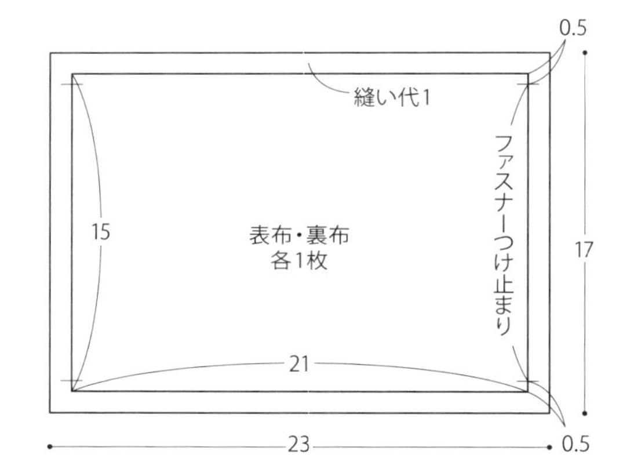

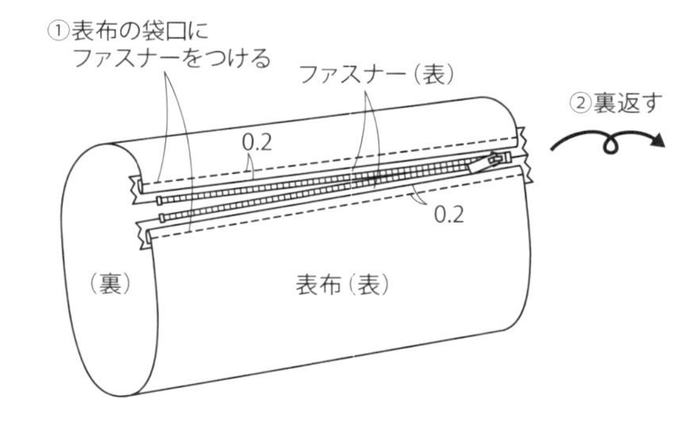

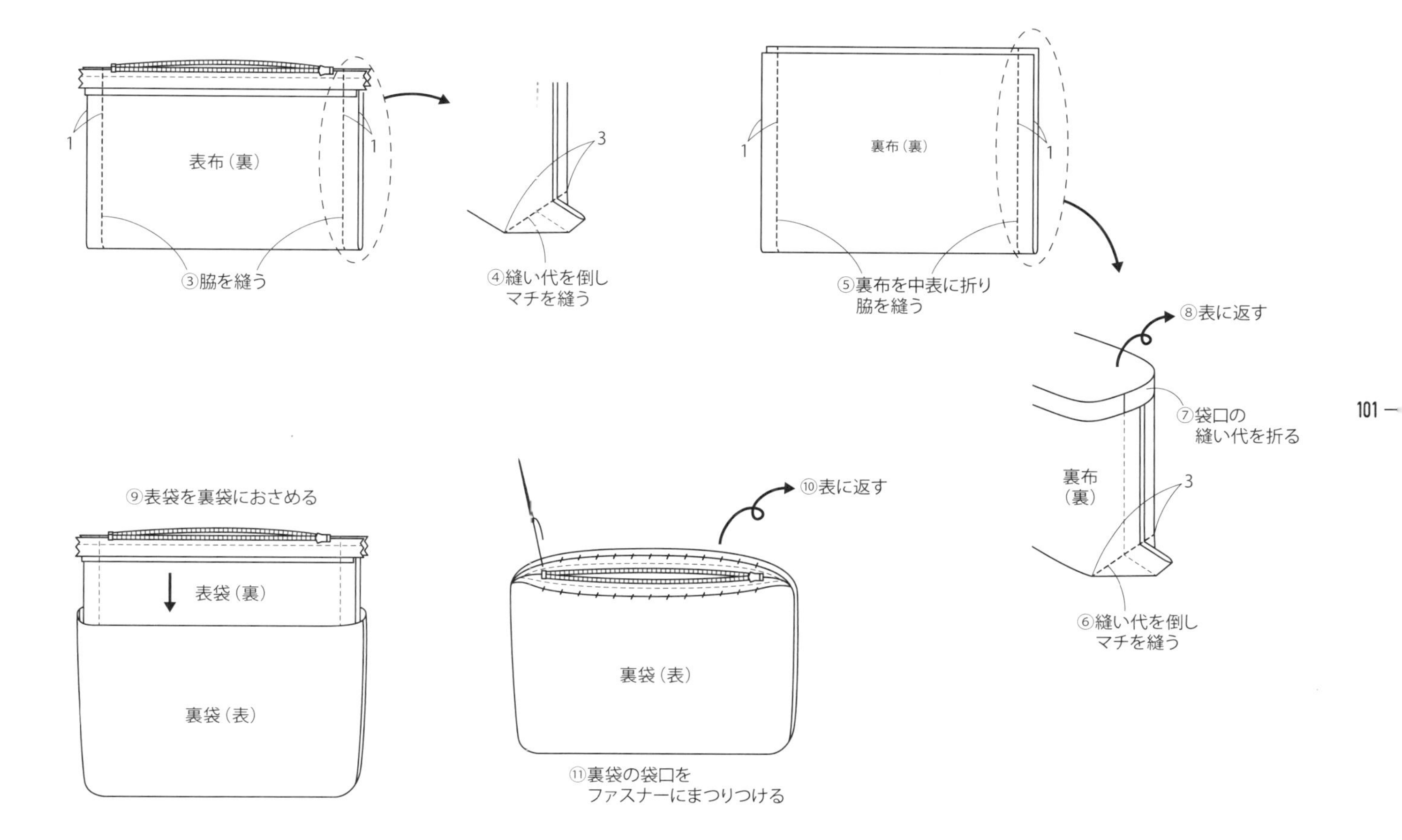
表布（裏）
1
1
③脇を縫う
3
④縫い代を倒し
マチを縫う
裏布（裏）
1
1
⑤裏布を中表に折り
脇を縫う
⑧表に返す
⑦袋口の
縫い代を折る
裏布
（裏）
3
⑥縫い代を倒し
マチを縫う
⑨表袋を裏袋におさめる
表袋（裏）
裏袋（表）
⑩表に返す
裏袋（表）
⑪裏袋の袋口を
ファスナーにまつりつける

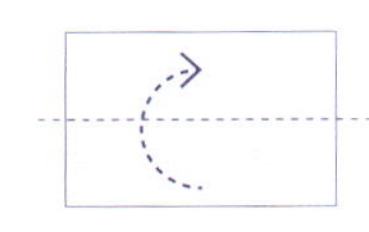

Idea 04

短辺を半分に折って使う

刺繡した布の短辺を半分に折ると、高さ約 7cm、幅約 20cm の
細長い袋状になります。このサイズでつくれるものは……と考えて
すぐに思い浮かぶのはペンケース。
鉄筆、チャコペン、短い定規など刺繡の道具入れにしたり、
かぎ針ケースにしたりと、手芸用具の整理にも便利なサイズです。
この使い方には、折り返し線を軸に線対称になっている模様や
方向性のない模様が向いています。

つくり方は 104 ページ

14
Fruchtzapfen
und überwinternde Blüten

材料

〈表布〉ヨーロッパリネン

濃紺（AS668）20×25cm

※あらかじめ P.71 の図案を刺繍しておく

〈刺繍糸〉P.70 参照

〈裏布〉好みの布　20×25cm

〈その他材料〉

・ファスナー　20cm を 1 本

・手縫い糸　適宜

How to make

ペンケースのつくり方

製図

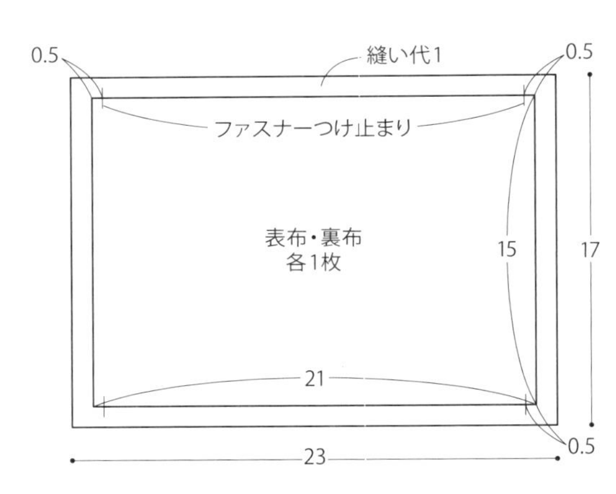

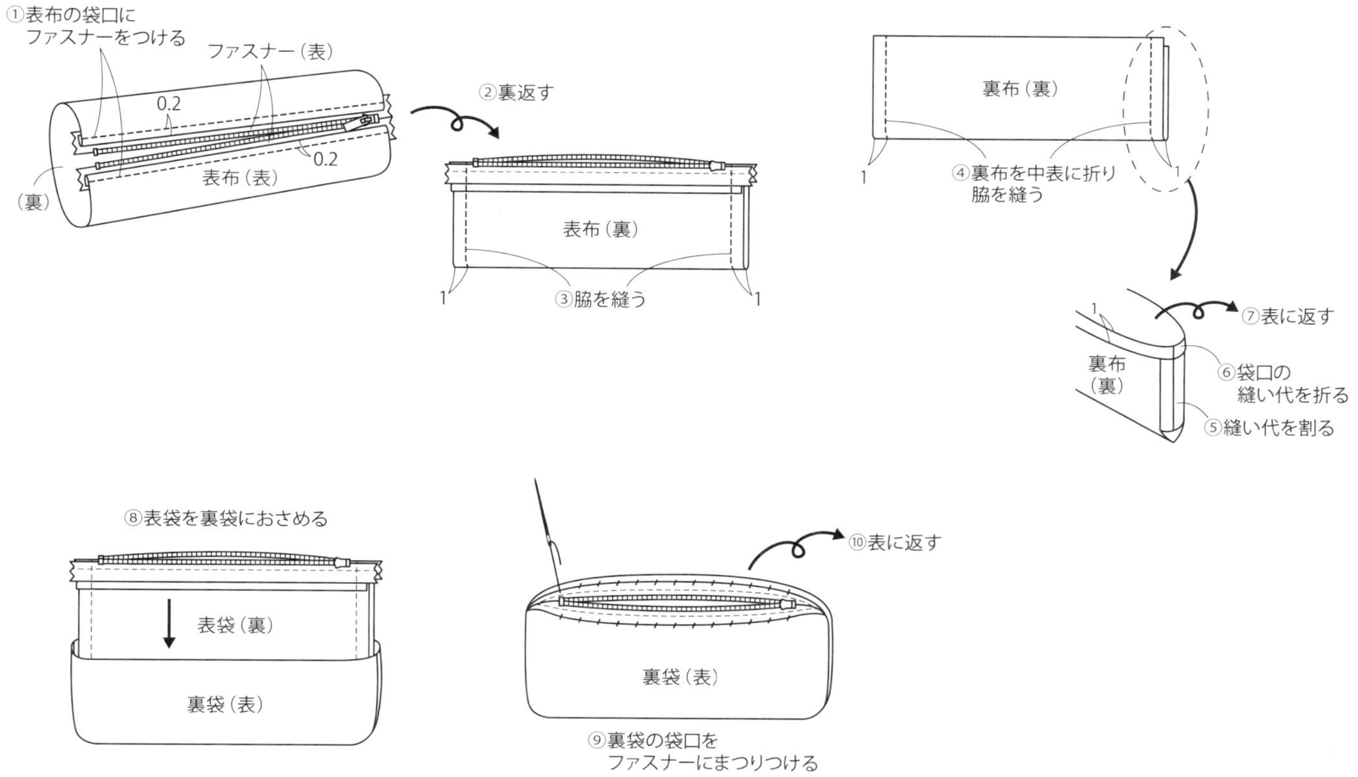

①表布の袋口に
ファスナーをつける
ファスナー（表）
0.2
0.2
表布（表）
（裏）

②裏返す
表布（裏）
1
③脇を縫う
1

裏布（裏）
1
④裏布を中表に折り
脇を縫う
1

1
⑦表に返す
裏布
（裏）
⑥袋口の
縫い代を折る
⑤縫い代を割る

⑧表袋を裏袋におさめる
表袋（裏）
裏袋（表）

⑩表に返す
裏袋（表）
⑨裏袋の袋口を
ファスナーにまつりつける

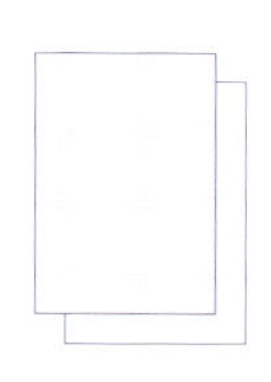

Idea 05

折らずに使う

刺繍した布と同じ大きさの共布があれば、
2枚重ねてもう少し大きなものも仕立てることができます。
袋状に縫って、持ち手をつければ
A5サイズのミニバッグに。
小さなバッグはお散歩やランチのお供に、
バッグインバッグにと、案外便利。この使い方には
縦長の模様や方向性のない模様が向いています。

つくり方は次ページ

材料

P.106 左「林」のミニバッグ

〈表布〉ヨーロッパリネン

ダークブルー（AS606） 20×25cm［刺繍用］、

15×35cm［見返し、持ち手用］

※あらかじめ刺繍用の表布に P.79 の図案を刺繍しておく

〈刺繍糸〉P.78 参照

〈裏布〉好みの布 20×40cm

P.106 右「紫陽花」のミニバッグ

〈表布〉ヨーロッパリネン

麻カラー（AS597） 20×25cm［刺繍用］、

15×35cm［見返し、持ち手用］

※あらかじめ刺繍用の表布に P.75 の図案を刺繍しておく

〈刺繍糸〉P.74 参照

〈裏布〉好みの布 20×40cm

How to make

ミニバッグのつくり方

製図

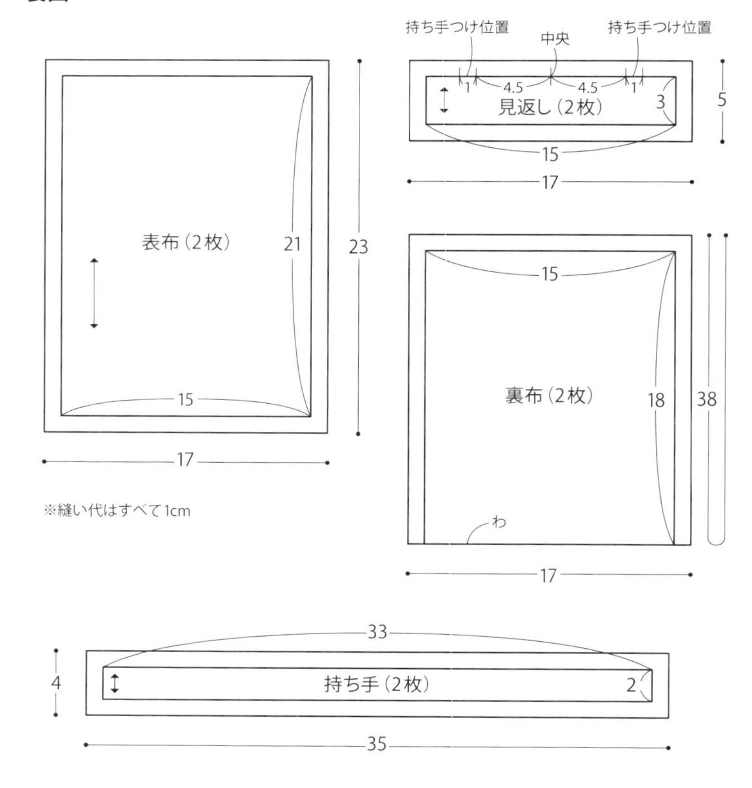

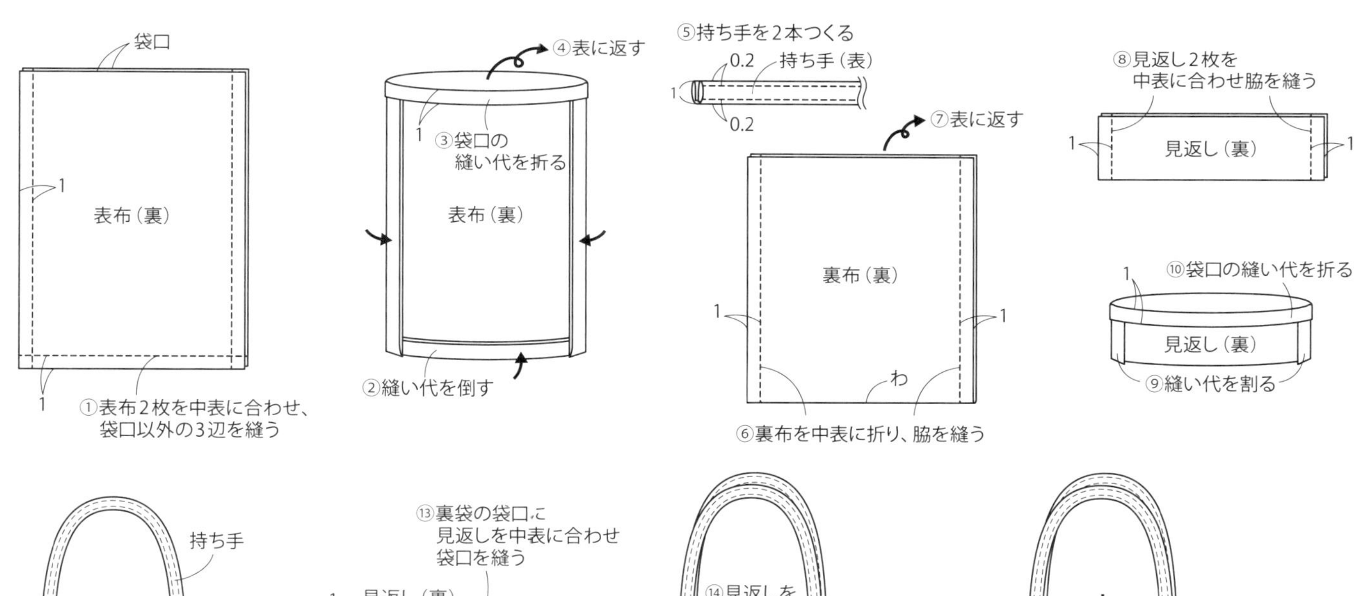

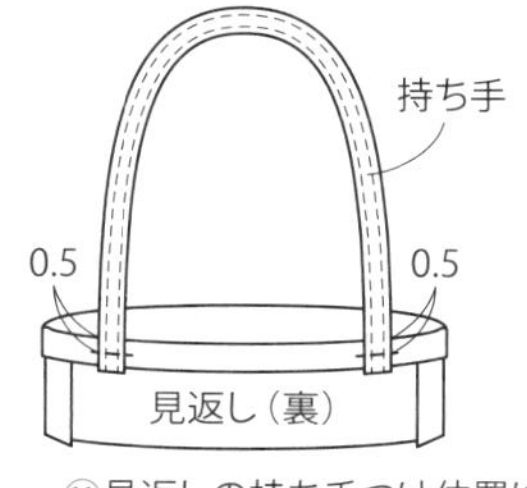

⑪見返しの持ち手つけ位置に
持ち手を仮止めする
（反対側も同様に）

⑬裏袋の袋口に
見返しを中表に合わせ
袋口を縫う

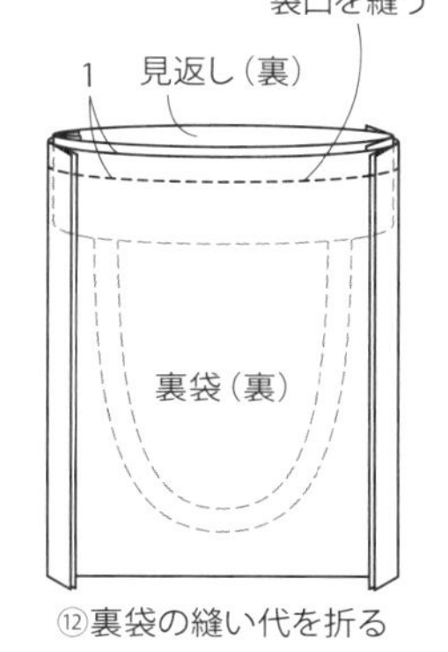

⑫裏袋の縫い代を折る

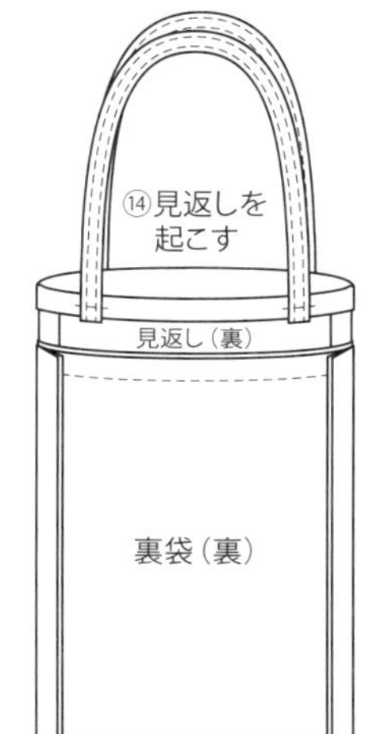

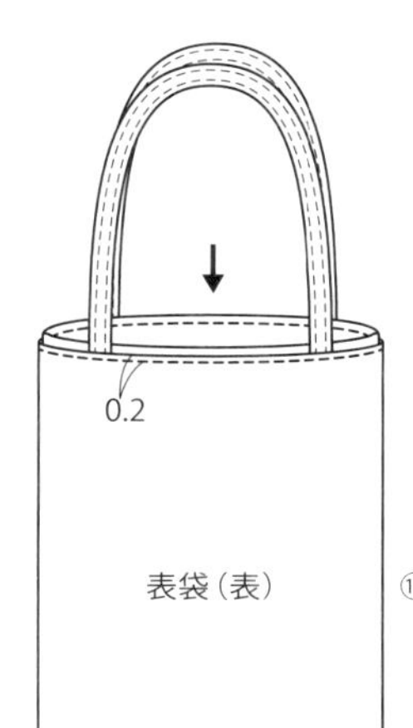

⑮裏袋を表袋に
おさめ
袋口を縫う

Idea 06

横に長く使う

横に長い「猫」の図案をそのまま使って、
猫たちが本をぐるりと包み込むブックカバーに。
本の定形のひとつである「四六判」サイズのカバーにしたら
本を開いたときにもそでの部分に猫がいるデザインになりました。
1ページ分の模様でも、横方向に模様をリピートさせて
伸ばして刺繍すれば同じように使えます。

つくり方は次ページ

材料

〈表布〉ヨーロッパリネン

麻カラー（AS597）　25×50cm

※あらかじめ P.40-41 の図案を刺繍しておく

〈刺繍糸〉P.39 参照

〈裏布〉好みの布　25×50cm

〈その他材料〉

・接着芯　25×50cm

・しおり用のひもやリボン　28cm

・ベルト用のテープ　幅 1.8cm×23cm

How to make

ブックカバーのつくり方

製図

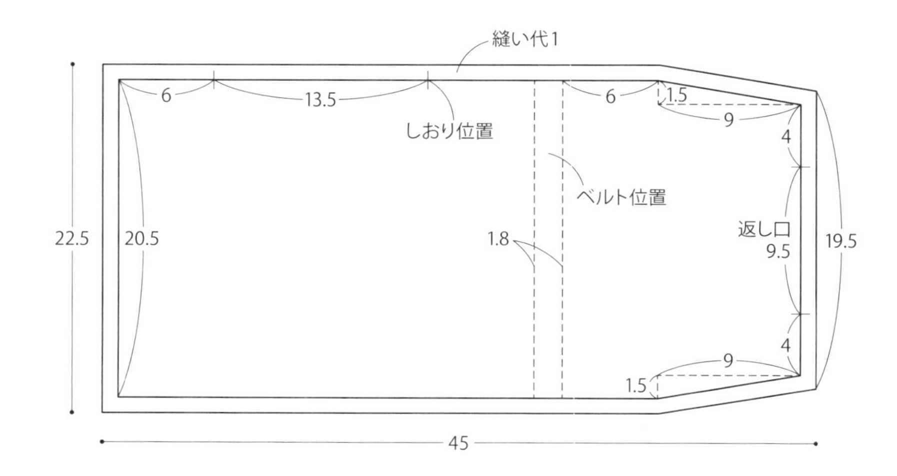

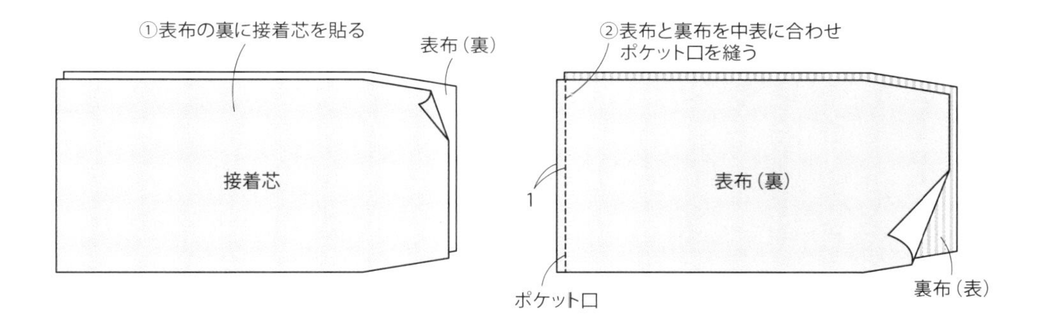
①表布の裏に接着芯を貼る
表布（裏）
接着芯
②表布と裏布を中表に合わせ
ポケット口を縫う
1
表布（裏）
ポケット口
裏布（表）

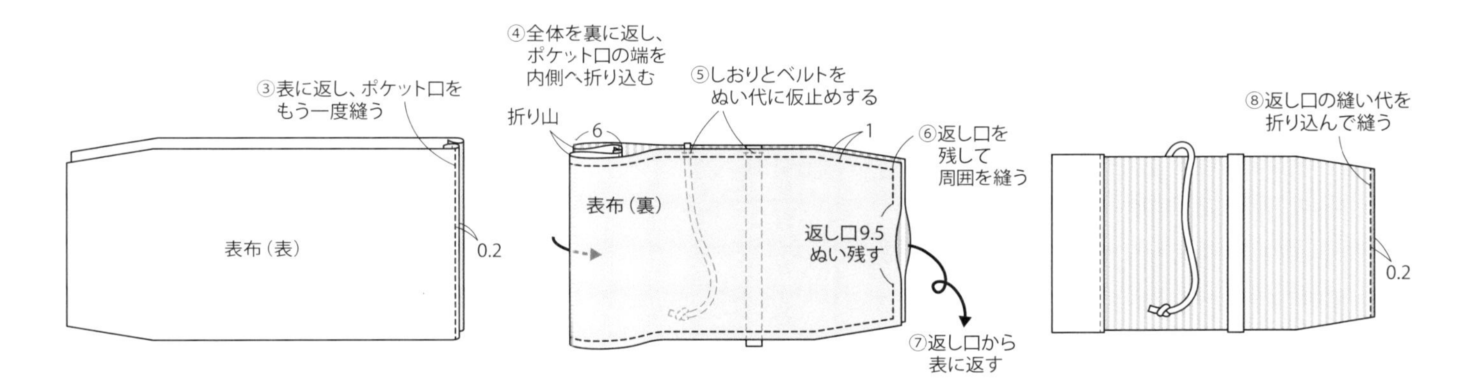
③表に返し、ポケット口を
もう一度縫う
表布（表）
0.2
④全体を裏に返し、
ポケット口の端を
内側へ折り込む
⑤しおりとベルトを
ぬい代に仮止めする
折り山
6
1
表布（裏）
返し口9.5
ぬい残す
⑥返し口を
残して
周囲を縫う
⑦返し口から
表に返す
⑧返し口の縫い代を
折り込んで縫う
0.2

chapter 03
刺繍の基本

——基本の道具・材料と基本のステッチ

〈図案の写し方〉

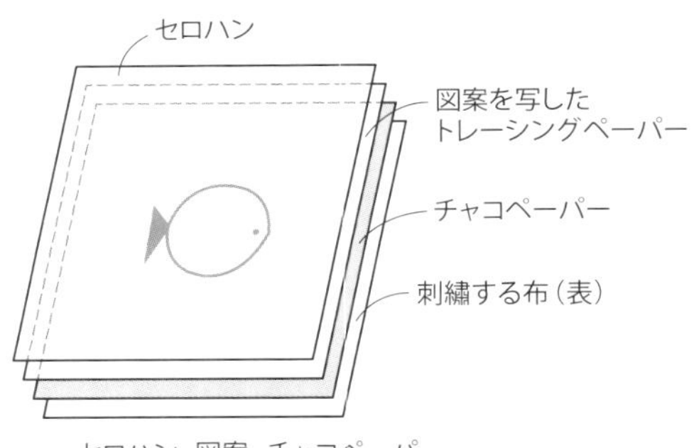

セロハン、図案、チャコペーパー、
布を図のように重ねる

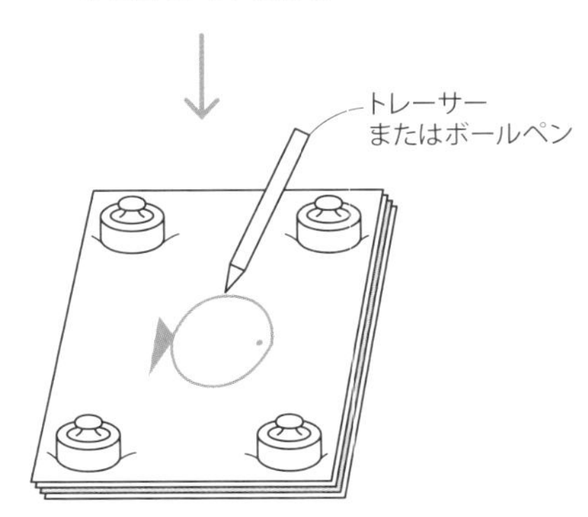

文鎮を乗せて押さえ、
図案をなぞって布に写す

150cm
measure
CLOVER
極細
水性チャコペン
水で消える

〈基本の道具と材料〉

P.115 写真

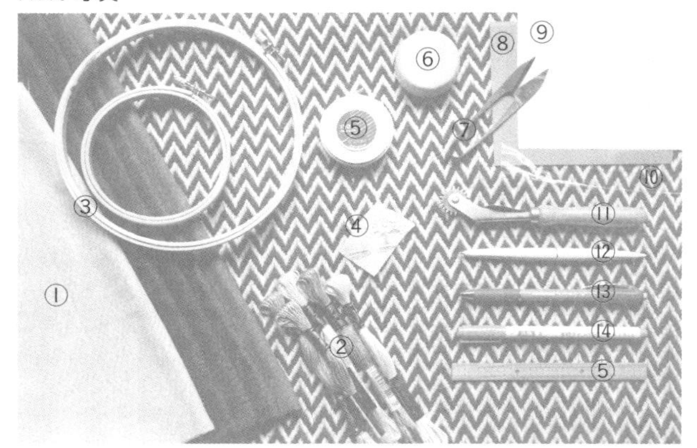

①布：刺繍する布。本書では平織りのリネンとコットンリネンを使用しています。適度にハリのある布が刺繍しやすくおすすめですが、薄手の布でも接着芯を貼れば使えます。

②刺繍糸：本書ではDMC25番糸を使用しています。25番糸は6本の細い糸がゆるく撚り合わされた糸で、必要な本数を取り分けて使います。

③刺繍枠：布をピンと張って刺繍しやすくする道具。直径10cmくらいが使いやすくおすすめですが、距離の長いコーチングステッチなどを刺す場合には、直径15〜18cmくらいのものを使います。

④フランス刺繍針：刺繍用の定番の針です。針の太さは「No.3」といった番号であらわされ、数字が小さいほど太くなります。25番糸を使用する場合、［No.3・4：5〜6本取り／No.5・6：3〜4本取り／No.7・8：1〜2本取り／No.9・10：1本取り］を目安に使い分けます。

⑤メジャー・定規：布や図案のサイズ確認用に。

⑥ウエイト：図案を写すときに乗せて、図案や布を固定します。

⑦糸切りはさみ：糸専用の切れ味のよいはさみを使いましょう。

⑧チャコペーパー（片面タイプ）図案を写すときに使用する複写紙。インク面を布に向けて布に乗せ、図案をかぶせて上からなぞるとなぞった線が布に残ります。

⑨トレーシングペーパー：図案を写し取り、布に複写するときに使います。

⑩透明セロハン：布に図案を写す際、トレーシングペーパーの上に置いて図案をなぞると、トレーシングペーパーに写した図案が傷まず、何度も使えるようになります。あると便利な道具。

⑪ルレット・⑫鉄筆：図案をなぞる道具。ルレットでなぞると点線、鉄筆でなぞると実線が布につきます。鉄筆は細かい模様を写すのに向いていますが、インクの切れたボールペンでも代用できます。

⑬⑭チャコペン：布に印をつけるためのペン。鉛筆タイプ、ペンタイプなどいろいろな種類がありますが、細い線で正確に図案を写すことのできるシャープペンシルタイプや、水で消えるペンタイプはとくに便利。

〈基本のステッチ〉

この本で使用している12種類のステッチです。

針を出すところは黒字、針を入れるところは青字で表示しています。

ステッチインデックス（50音順）

ランニングステッチ

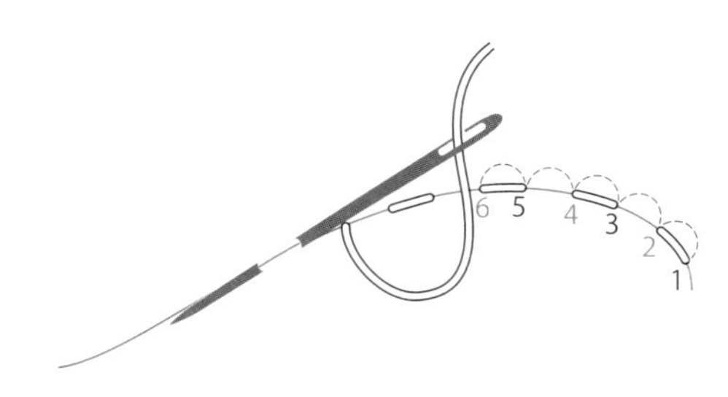

アウトラインステッチ

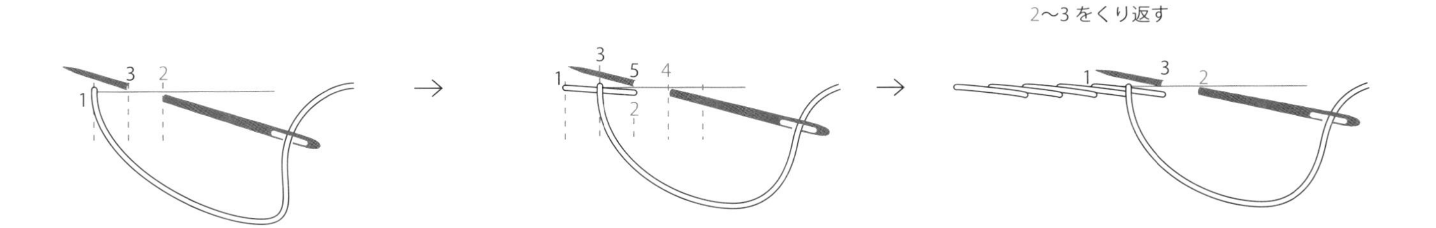

バックステッチ

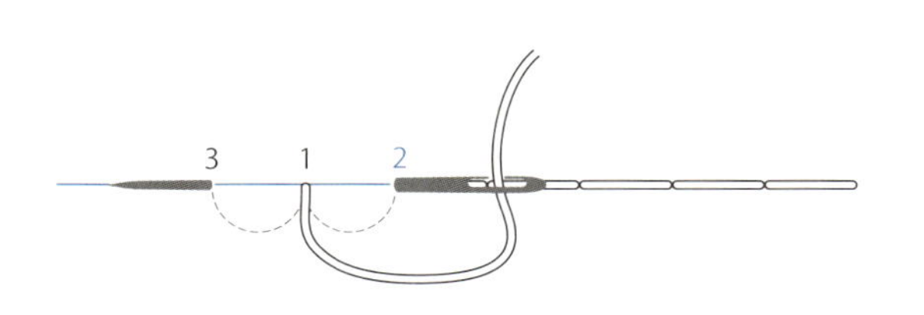

ストレートステッチ

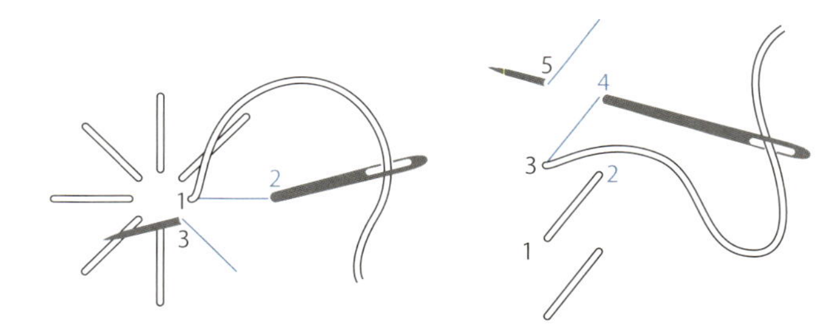

クロスステッチ

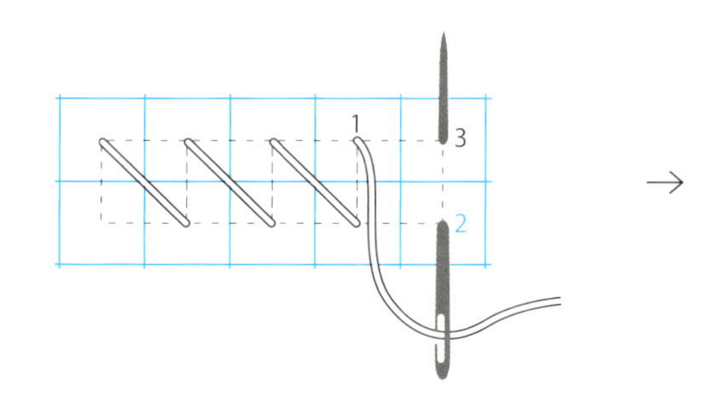

→

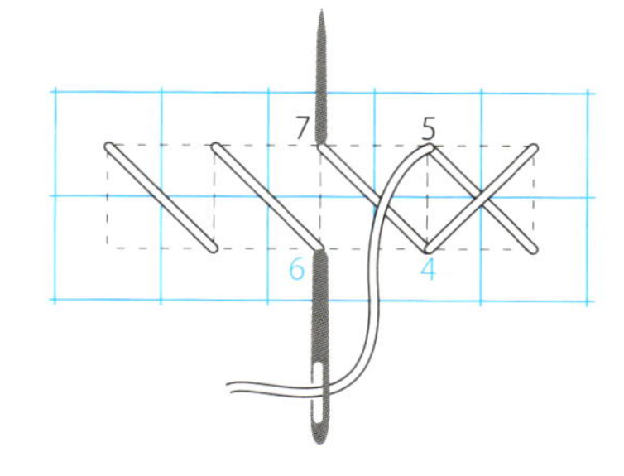

ロングアンドショートステッチ

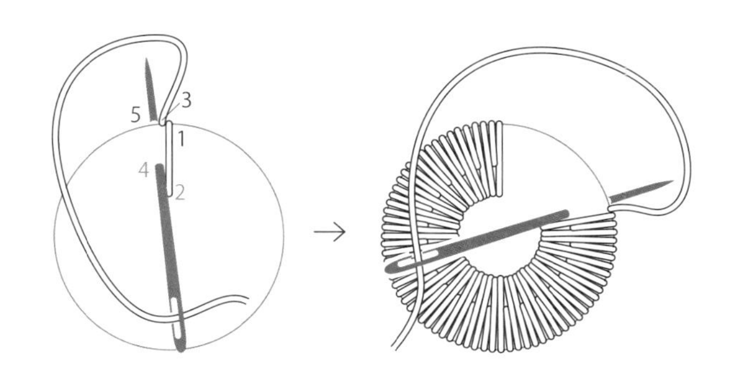

サテンステッチ

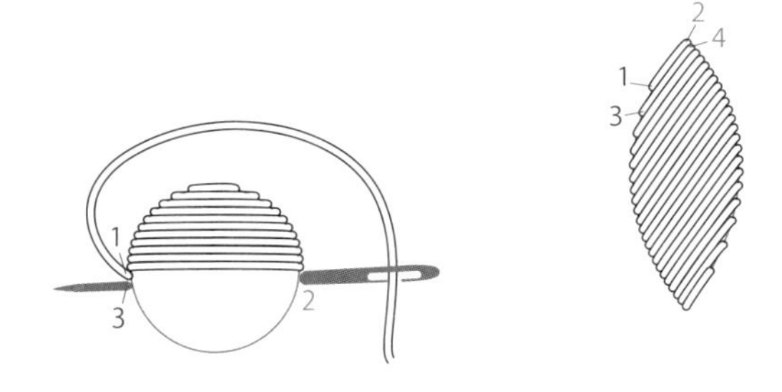

チェーンステッチ

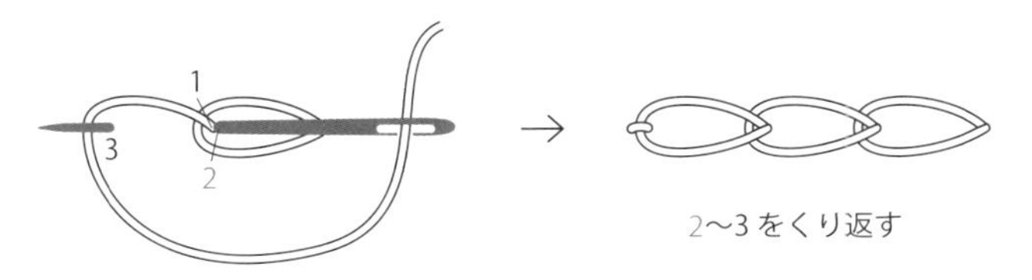

1と2は同じ穴に針を入れる

フレンチノットステッチ（2回巻）

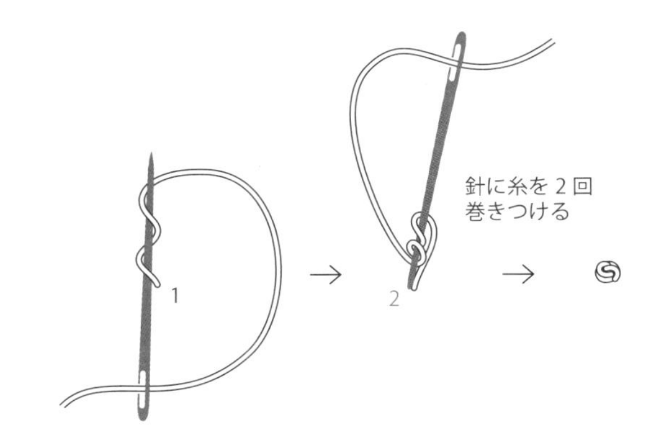

コーチングステッチ

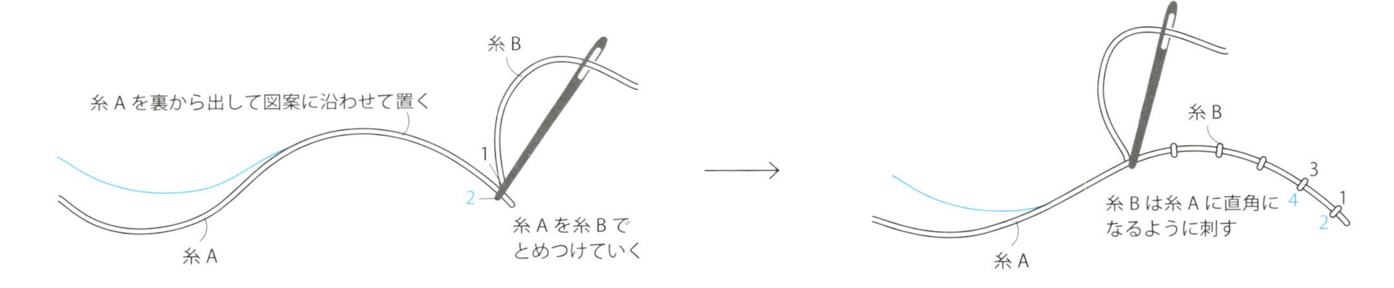

クロストチェーンステッチ

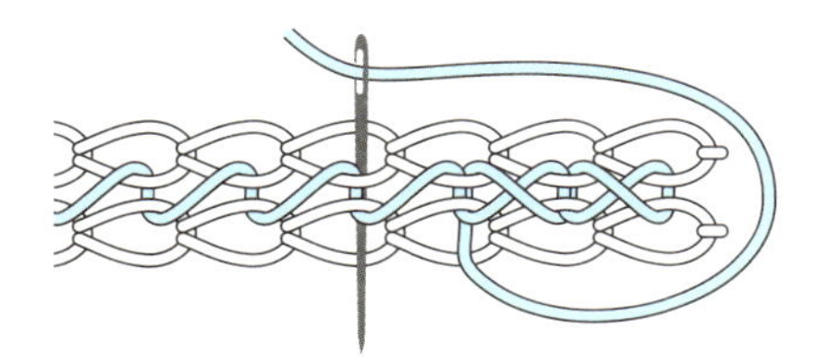

チェーンステッチを並べて2本刺し、
別の糸（図では水色）をチェーン
ステッチに巻きつける

スプリットステッチ

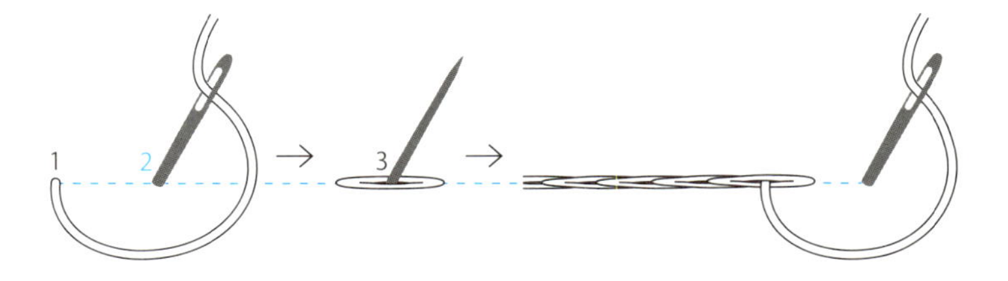

Appendix

＜巻末付録＞配色アレンジ用図案

6種類の模様から、図案だけをピックアップしました。
ぬり絵感覚で色をつけて、オリジナルの配色を考えてみませんか？

＜収録図案と刺し方ページ＞

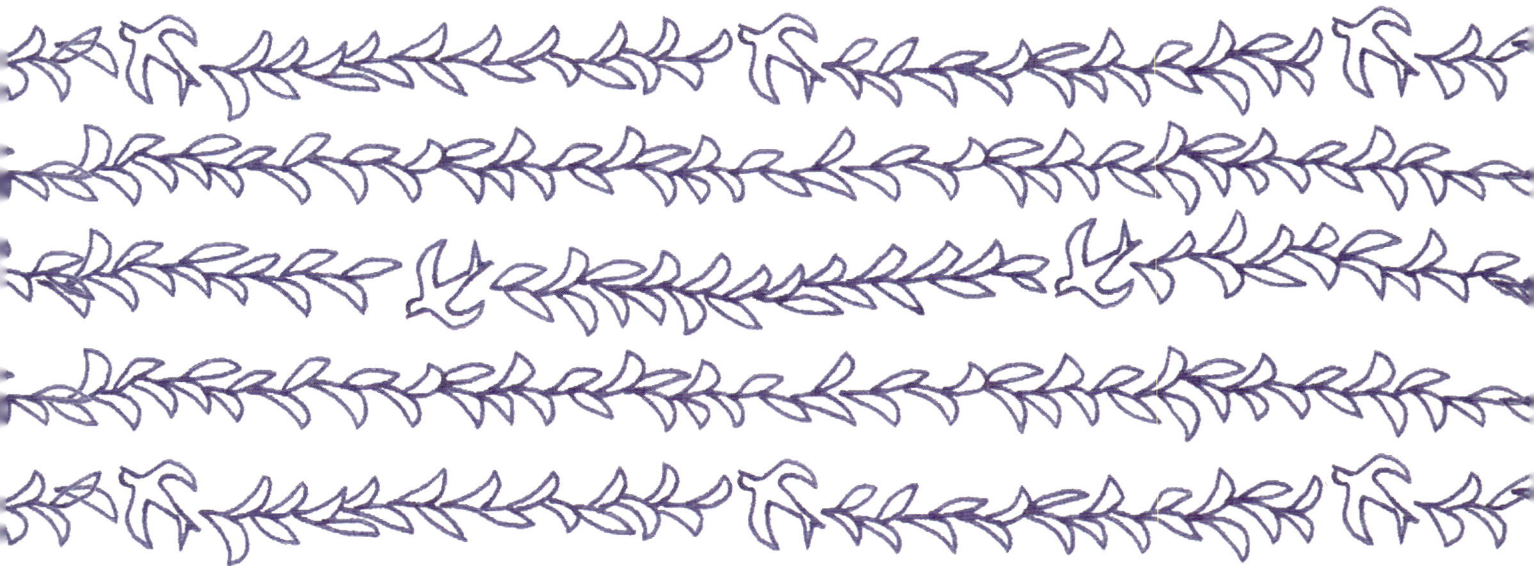

ten to sen の模様刺繍

2017 年 11 月 25 日　初版第 1 刷発行
2020 年 11 月 25 日　初版第 4 刷発行

著　者　岡 理恵子
発行者　長瀬 聡
発行所　株式会社 グラフィック社
〒 102-0073　東京都千代田区九段北 1-14-17
TEL 03-3263-4318　FAX 03-3263-5297
http://www.graphicsha.co.jp
振替 00130-6-114345

印刷・製本　図書印刷株式会社

落丁・乱丁の場合はお取り替え致します。
本書のコピー、スキャン、デジタル化等の無断複製は著作権法上の例外を除き禁じられています。本書を代行業者等の第三者に依頼してスキャンやデジタル化することは、たとえ個人や家庭内での利用であっても著作権法上認められておりません。

本書の掲載作品は、個人で手作りをお楽しみいただくためのものです。無断で複製しての販売、商品化は禁じられています。

ISBN 978-4-7661-3053-9 C2077
ⓒ Rieko Oka 2017 Printed in Japan

Profile

岡 理恵子／ Rieko Oka

模様作家。1981 年北海道生まれ。北海道東海大学大学院芸術工学研究科卒。2008 年より「点と線模様製作所」として活動をスタート。北海道を拠点に身近な風景、動植物、季節の移ろい、音、記憶などを題材とした模様をつくり、「北の模様帖」という名前でオリジナルのテキスタイルを制作している。製品は展示会や取扱い店、「点と線模様製作所」ウェブサイトおよび直営店で販売されている。
http://www.tentosen.info/

Staff

撮影　松本のりこ
制作協力　隈倉麻貴子／山城美穂子
トレース　株式会社ウエイド　手芸制作部
企画・編集　笠井良子（グラフィック社）

材料提供（50 音順）
アウトレットファブリックス
〒 731-5127　広島市佐伯区五日市 5-4-22 ハッピークロス内
TEL082-922-9461　http://www.asahi-net.or.jp/~ta2t-dukk/
※生地

ディー・エム・シー株式会社
〒 101-0035　東京都千代田区神田紺屋町 13　山東ビル 7F
03-5296-7831（代）　http://www.dmc.com
※刺繍糸

撮影協力
ノルウェージャンアイコンズ
〒 151-0063　東京都渋谷区富ヶ谷 1-16-8
TEL03-5738-7671　http://www.norwegianicons.no/